主编◎余东权 陈伟忠

模具拆装与手工制作学习工作页

中国劳动社会保障出版社

图书在版编目(CIP)数据

模具拆装与手工制作学习工作页/余东权，陈伟忠主编. —北京：中国劳动社会保障出版社，2015

ISBN 978-7-5167-2200-8

Ⅰ.①模… Ⅱ.①余…②陈… Ⅲ.①模具-装配(机械) Ⅳ.①TG76

中国版本图书馆 CIP 数据核字(2015)第 271317 号

中国劳动社会保障出版社出版发行

(北京市惠新东街 1 号 邮政编码：100029)

*

北京市艺辉印刷有限公司印刷装订 新华书店经销

787 毫米×1092 毫米 16 开本 10.25 印张 198 千字

2015 年 12 月第 1 版 2017 年 7 月 2 次印刷

定价：22.00 元

读者服务部电话：(010) 64929211/64921644/84626437

营销部电话：(010) 64961894

出版社网址：http://www.class.com.cn

教材编写委员会

顾问

林为群　原天津交通职业学院　教授
孙　爽　天津职业技术师范大学　教授
陈泽宇　广州铁路职业技术学院　教授
吴玄光　华南农业大学　副教授
阮少宁　广州丰田汽车特约维修有限公司副总经理
漆　军　广东机电职业技术学院　教授

前言

本书以综合职业能力培养为目标，以典型工作任务为载体，以学生为中心，运用一体化课程开发技术规程，根据典型工作任务和工作过程设计课程教学内容和教学方法，按照工件加工内容由简单到复杂、精度要求由低到高的顺序和学生自主学习的要求进行教学设计并安排教学活动，共设计了 5 个学习任务，每个学习任务下设计了若干个学习活动，每个学习活动通过多个教学环节来完成。通过这些学习任务，重点对学生进行专业能力、方法能力、社会能力和职业素养的培养，并通过一体化课程教学使学生具备典型模具拆装与测绘的能力，胜任对应的模具手工制作岗位，实现“做学合一”的工学结合课程理念，最终达到培养高素质技能人才的培养目标。

本书具备以下特点：

任务驱动。通过任务驱动的方式，引导学生进行知识、技能和职业规范的学习。

做学合一。以工作任务为中心，实现理论与实践的一体化教学。

突出能力。教材定位与学习目标、学习内容与要求、教学过程与评价等都积极突出学生专业能力、方法能力、社会能力和职业素养的培养，体现职业教育课程的特质。

职业标准。工作任务选取与设计中参考并融入了模具制造工中、高级职业技能鉴定的内容，使该课程同时满足模具、数控专业学生对模具制造工中、高级职业资格培训需要。

本书由广州市高级技工学校组织编写，余东权、陈伟忠主编。具体分工如下：任务一、任务二由余东权编写，任务三、任务四、任务五由陈伟忠编写。在编写过程中得到了企业实践专家广州舍为斯机电设备有限公司张志军、广州晟辉金属制品有限公司何晓燕和课程改革专家陈泽宇教授的耐心指导，在此对他们付出的辛勤劳动表示感谢！

由于时间仓促以及编者水平有限，书中错误、疏漏之处在所难免，敬请广大读者批评指正。

编　者

目　录

任务一　冲裁模的拆装与测绘

学习目标

1. 熟悉模具拆装安全操作规程。
2. 能说出模具的种类。
3. 能说出模具的结构组成及各零件的名称和作用。
4. 能说出模具拆装步骤及应注意的事项（包括安全事项）。
5. 能认知并合理使用模具拆装工作中所需的工、量具及设备。
6. 能规范完成模具的拆装与测量。
7. 能绘制模具零件图与模具装配图。
8. 能正确描述出所拆模具的动作过程。

建议学时

52 学时

工作情景描述

佛山市某五金制造有限公司冲压车间的一个冷冲模因产品缺陷，操作工上报了修理工作单；模具检修班班长接到模具修理工作单，安排小陈对冷冲模进行拆检修理。如果你是小陈，请根据工作要求完成本任务。

工作过程与活动

学习活动 1　单工序冲裁模拆装（18 学时）

学习活动 2　单工序冲裁模测绘（12 学时）

学习活动 3　复合冲裁模拆装（12 学时）

学习活动 4　复合冲裁模测绘（10 学时）

拓展任务　多工位连续冲裁模拆装与测绘

学习活动1　单工序冲裁模拆装

学习目标

任务导入

通过对如图1—1所示的单工序模的拆装练习，了解单工序模的结构、零部件的装配关系及其在模具中的作用，熟悉冲模的内部结构及工作过程，掌握模具的装配方法和各装配工具的使用方法。

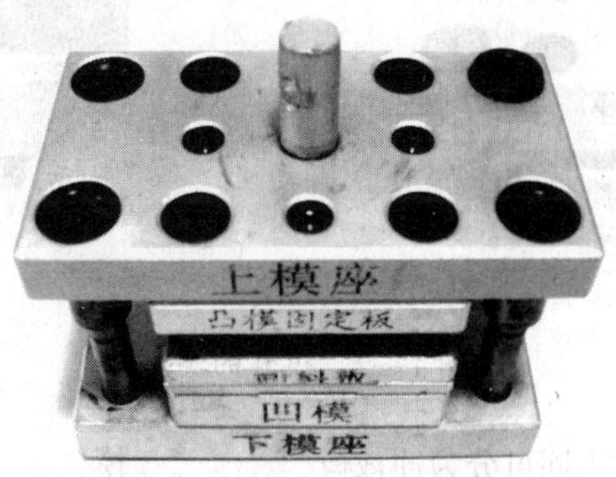

图1—1　单工序模

学习准备

1. 计算机（联网）、多媒体、黑板、张贴板。

2. 教材《模具钳工工艺与技能训练》和《模具拆装与模具制造项目实训教程》，模具说明书、相关图样、安全操作规程、实训室“6S”管理制度。

3. 内六角扳手、旋具（十字、一字）、铜棒、锤子（铁锤、铜锤、橡胶锤）、平行等高垫块、记号笔、润滑油、盛物器、抹布、钢直尺、游标卡尺、千分尺等。

建议学时

18 学时

学习过程

一、模具及模具类型

模具是由机械零件构成，在与相应的压力成形机械（如冲床、塑料注射机、压铸机等）相配合时，可直接改变金属或非金属材料的形状、尺寸、相对位置和性质，使之成形为合格制件或半成品的成形工具。

模具的种类很多，按材料在模具内成形特点，模具可分为冷冲模和型腔模两大类型。

1. 填写图 1—2 所示模具的类型。

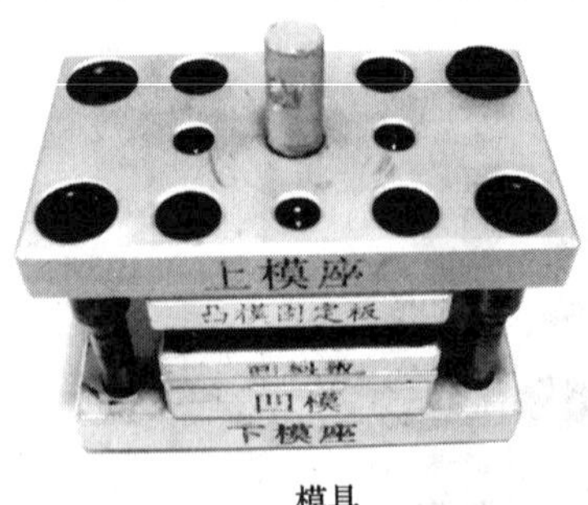

______ 模具

______ 模具

图 1—2 模具的类型

2. 冷冲模按工艺性质不同可分为冲裁模、________模、________模、________模和冷挤压模等；按工序组合方式不同可分为________模（又称简单模）、________模（又称连续模）、______模。

二、模具拆装安全操作规程

查阅相关资料，抄写模具拆装安全操作规程。

三、冲模零件的分类及作用

如图 1—3 所示为单工序模装配图。

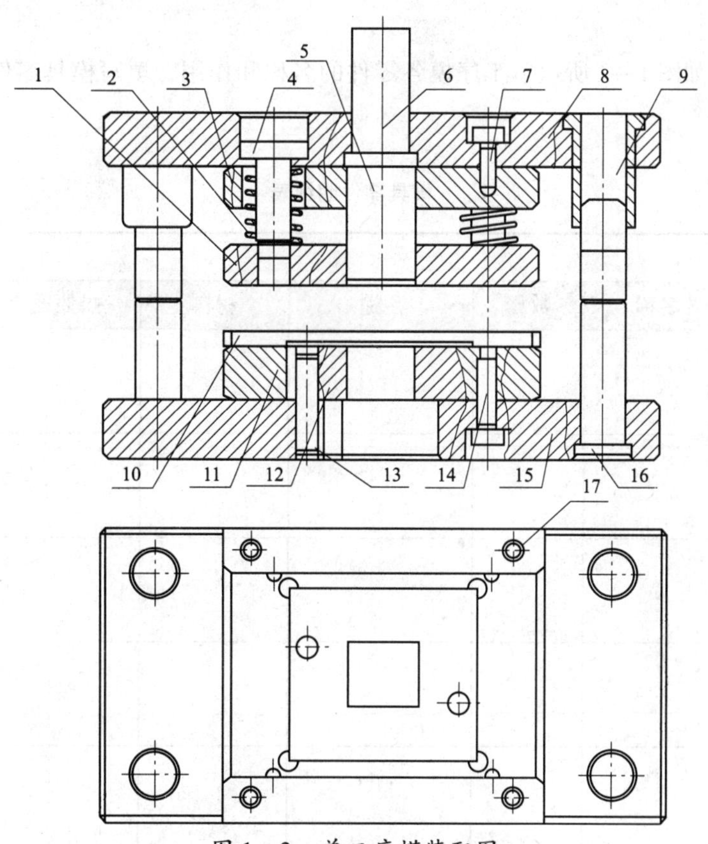

图 1—3　单工序模装配图

1—卸料板　2—弹簧　3—凸模固定板　4、7、14、17—螺钉　5—凸模　6—模柄
8—上模座　9—导套　10—导尺　11—凹模　12—凹模固定板　13—销钉　15—下模座　16—导柱

1. 组成冲模的零件分为工艺零件和结构零件两类。而______零件可分为工作零件，定位零件和压料、卸料、送料零件三种；______零件可分为导向零件、支承零件、紧固零件和其他零件四种。上述各类零件在冲压过程中相互配合，保证冲压工作正常进行，从而冲出合格的冲压件。不是所有的冲压模具都具备上述各类零件，尤其是单工序冲压模。但是工作零件和必要的支承零件总是不可缺少的。

2. 在表1—1中写出冲模零件的作用及组成零件。

表1—1 冲模零件的作用及组成零件

序号	名称	作用	组成零件
1	工作零件		
2	定位零件		
3	导向零件		
4	支承零件		

3. 请说出如图1—3所示单工序模各零件的名称和作用，填写模具零件明细表，见表1—2。

表1—2 模具零件明细表

模具类型						
序号	名称	数量	用途	材料	热处理	备注
1						
2						
3						
4						
5						
6						

续表

序号	名称	数量	用途	材料	热处理	备注
7						
8						
9						
10						
11						
12						
13						
14						
15						
16						
17						

四、单工序模的拆卸与装配

1. 查阅相关资料，写出单工序模的工作原理。

____

____

____

____

2. 单工序模的拆卸步骤为______________、拆上模、拆______________。

3. 填写如图 1—4 所示常用拆装工具的名称。

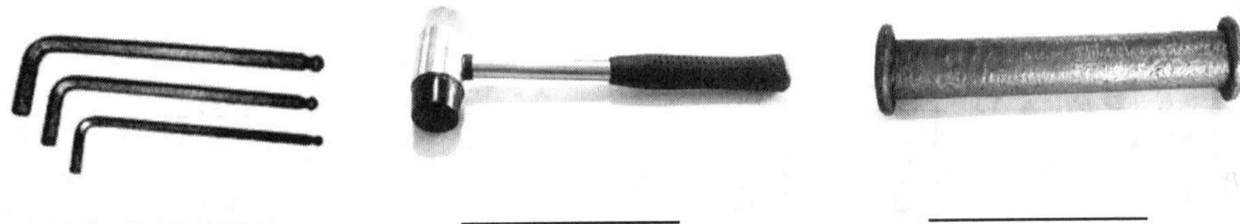

____________　　____________　　____________

图 1—4　常用拆装工具

4. 填写如图 1—5 所示的分模方法。

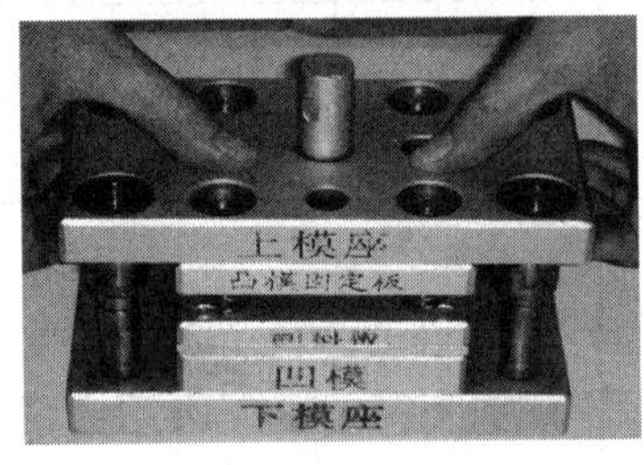

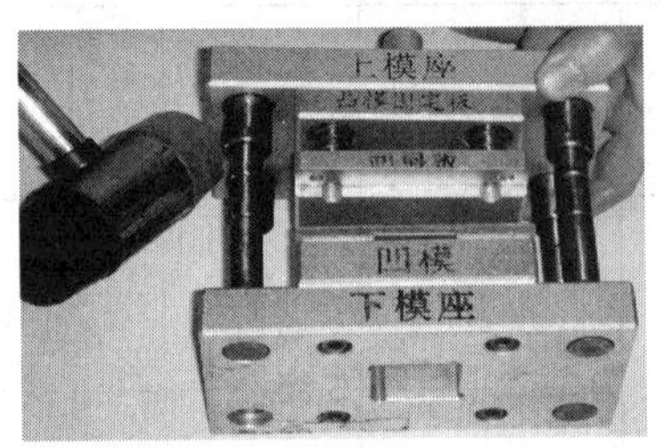

____________法　　____________法

图 1—5　分模方法

5. 写出在拆卸模具时一般应遵守的规则。

____

____

____

____

____

____

____

____

6. 按工序及工步的方式，在表 1—3 中写出单工序模的拆卸步骤。

表 1—3　　单工序模的拆卸步骤

工序	工步	操作内容	主要工具

7. 根据装配图样和技术要求，将模具的零部件按照一定的工艺顺序进行配合与定位、连接与固定，使之成为符合要求的模具产品，称为________。

8. 模具装配是模具制造过程的最后阶段，它包括装配、________、________和试模。

9. 模具装配包括装配上模、装配下模及上下________。一般情况下，模具的装配顺序与拆卸顺序正好相反，即先拆的零件________装，后拆的零件________装，由里至外依次完成每个零件的装配。但要注意：装配前要用干净的棉纱仔细擦净销钉、窝座、导柱与导套等配合面，若存有油垢，将会影响配合面的装配质量。装配时应注意零件之间的装配关系及装配位置。装配各模板时应先打入________钉，再插入并拧紧________。

10. 写出几种控制凸模与凹模间隙均匀的常用方法。

五、评价与反馈

1. 在模具拆装过程中是否每一个安全事项都注意到了？如果没有，找出忽略的地方和原因。

2. 填写模具拆装评分表（见表1—4）。

表1—4　　模具拆装评分表

序号	内容		配分	自检	互检	专检
1	描述模具结构	模具类型	5			
2		卸料形式	5			
3		定位方式	5			
4	准备工作充分		10			
5	正确使用拆装工具		10			
6	拆卸顺序、方法正确		15			
7	将零件做标记，顺序存放并清洗、涂油		10			
8	装配过程安排合理		15			
9	装配质量符合技术要求		15			
10	安全文明操作		10			
合计			100			

学习活动 2　单工序冲裁模测绘

学习目标

1. 能说出常用量具的类型。
2. 会使用游标卡尺。
3. 能测绘出单工序模的各部分尺寸。
4. 能绘制单工序模具装配图及零件图。

任务导入

通过对如图 1—1 所示的单工序模的测绘练习，进一步了解模具的零部件在模具中的作用，熟悉冲模的内部结构及工作原理，并能绘制出单工序模具装配图及零件图。

学习准备

1. 计算机（联网）、多媒体、黑板、张贴板。

2. 教材《模具钳工工艺与技能训练》和《模具拆装与模具制造项目实训教程》，模具说明书、相关图样、安全操作规程、实训室“6S”管理制度。

3. 内六角扳手、旋具（十字、一字）、铜棒、锤子（铁锤、铜锤、橡胶锤）、平行等高垫块、记号笔、润滑油、盛物器、抹布、钢直尺、游标卡尺、千分尺等。

建议学时

12 学时

学习过程

一、常用量具知识

1. 用来测量工件及产品形状、尺寸的工具称为量具或量仪。量具的种类很多，根据其用途及特点不同，可分为万能量具、__________量具和__________量具等。

2. 根据表1—5中的量具描述，选择量具类型，并填写表格。

表1—5 量具类型

量具描述	量具类型	量具实例
能对多种零件、多种尺寸进行测量的量具。这类量具一般都有刻度，在测量范围内可测量出零件或产品形状、尺寸的具体数值	万能量具 □ 专用量具 □ 标准量具 □	
只能制成某一固定尺寸，用来校对和调整其他量具的量具	万能量具 □ 专用量具 □ 标准量具 □	
专为测量零件或产品某一形状、尺寸制造的量具。这类量具不能测出具体的实际尺寸，只能测出零件或产品的形状、尺寸是否合格	万能量具 □ 专用量具 □ 标准量具 □	

3. 写出图1—6所示常用量具的名称。

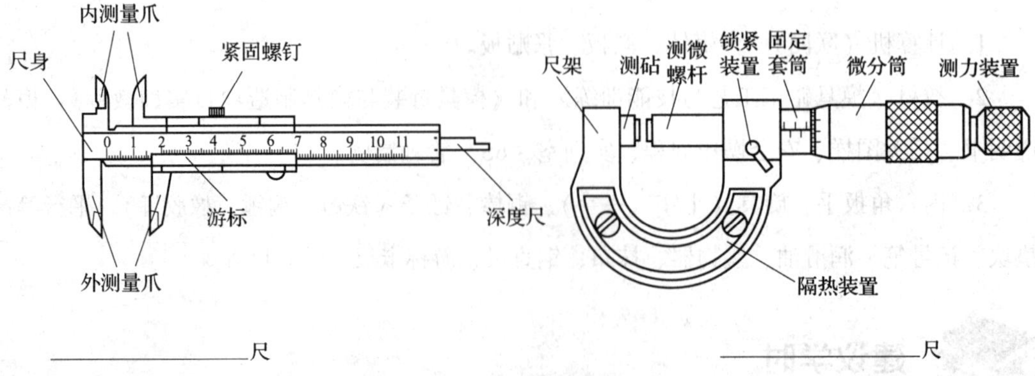

__________尺　　　　__________尺

图1—6 常用量具

4. 写出图1—7所示精度为0.02 mm的游标卡尺的读数。

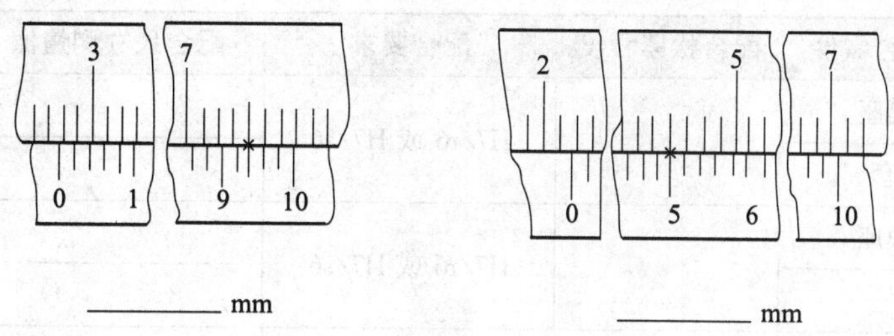

图 1—7　游标卡尺识读实例

二、模具的测绘

模具测绘在模具拆卸之后进行。通过模具测绘有助于进一步认识模具零件，了解模具相关零件之间的装配关系。

1．写出模具测绘的一般步骤。

____

____

____

____

____

____

____

____

____

2．在绘制图形时应遵循长对正、__________、__________的原则。

3．在表 1—6 中填写冷冲模零件的配合关系。

表 1—6　冷冲模零件的配合关系

序号	相关配合零件	配合松紧程度	配合要求	配合尺寸测量值	配合尺寸
1	凸模		凸模实体小于凹模洞口一个间隙		
	凹模				
2	凸模		H7/m6 或 H7/n6		
	凸模固定板				
3	上模座		H7/r6 或 H7/s6		
	模柄				

续表

序号	相关配合零件	配合松紧程度	配合要求	配合尺寸测量值	配合尺寸
4	上模座		H7/r6 或 H7/s6		
	导套				
5	下模座		H7/r6 或 H7/s6		
	导柱				
6	导柱		H6/h6 或 H7/h6		
	导套				
7	卸料板		卸料板孔大于凸模实体 0.2 ~ 0.6 mm		
	凸模				
8	销钉		H7/m6 或 H7/n6		
	待定位模板				

4. 在表 1—7 中写出在模具拆装与测绘时所需要的工具和量具。

表 1—7　模具拆装与测绘工具和量具

序号	名称	规格	精度	数量	用途
1					
2					
3					
4					
5					

续表

序号	名称	规格	精度	数量	用途
6					
7					
8					
9					
10					
11					
12					
13					
14					
15					

5. 绘制模具装配图草图。为了绘制一张美观、正确的模具装配图，必须掌握模具装配图面的布置规范。如图 1—8 所示为模具装配图的图面布置，请填写缺省项。

1—档案编号

2—________

3—俯视图

4—________

5—________

6—________

7—________

8—________

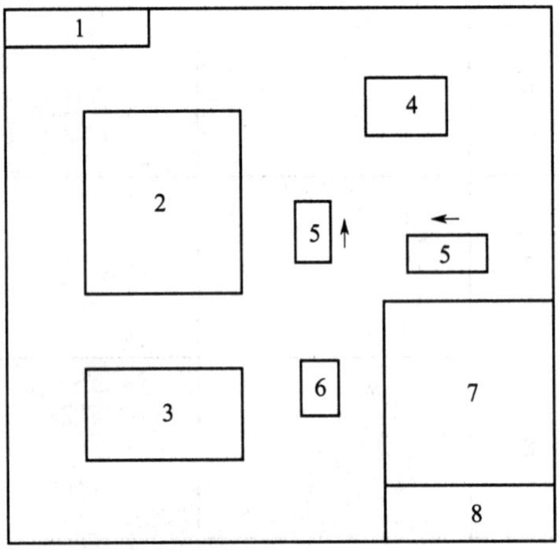

1
2
3
4
5
5
6
7
8

图 1—8 模具装配图的图面布置

6. 绘制模具零件图。

________模具零件图

时间		成员	
组号			
零件序号：			

三、评价与反馈

1. 你在模具测绘过程中遇到了什么困难？是如何解决的？

2. 填写模具测绘评分表（见表1—8）。

表1—8　　模具测绘评分表

序号	考核内容	配分	评分标准	学生自评	小组互评	教师评价	小计
1	准备工作充分	10	检查评定				
2	图形分布合理	10	一处不合理扣3分				
3	测绘方法正确，数据取值合理	15	一处不合理扣2分				
4	各零件的配合关系清楚、准确	15	一处错误扣3分				
5	图样绘制符合标准，标注正确	30	一处不合理扣1分				
6	时间安排合理	10	一处不合理扣2分				
7	安全文明生产	10	违者每次扣2分				

指导教师总体评价 教师签字：　　　　年　　月　　日	得分	

学习活动3　复合冲裁模拆装

学习目标

1. 说出复合模的结构及各零件的名称与作用。

2. 说出复合模的拆装步骤及注意的事项（包括安全事项）。

3. 合理使用拆装工具及设备。

4. 能规范完成复合冲裁模的拆装。

5. 能正确描述出所拆模具的动作过程。

任务导入

通过对如图1—9所示倒装复合模的拆装练习，了解复合模的结构、零部件的装配关系及其在模具中的作用，熟悉模具的内部结构及工作过程，掌握模具的装配方法和各装配工具的使用方法。

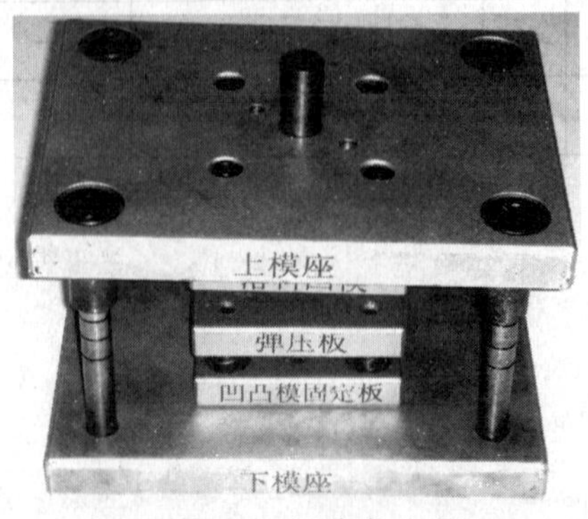

图1—9　倒装复合模

学习准备

1. 计算机（联网）、多媒体、黑板、张贴板。

2. 教材《模具钳工工艺与技能训练》和《模具拆装与模具制造项目实训教程》，模具说明书、相关图样、安全操作规程、实训室“6S”管理制度。

3. 内六角扳手、旋具（十字、一字）、铜棒、锤子（铁锤、铜锤、橡胶锤）、平行等高垫块、记号笔、润滑油、盛物器、抹布、钢直尺、游标卡尺、千分尺等。

建议学时

12 学时

学习过程

复合模是指在压力机的一次行程内，在一副模具中的同一位置上完成两道或两道以上冲压工序的冲模。凸凹模安装在下模部分时，叫作倒装复合模（见图 1—9）。它采用刚性顶料装置，因此制件的平面度会比较低；冲裁时不能将条料压住，因此制件的尺寸精度会相对降低。故只在对制件尺寸精度和平面度要求相对较低时使用，但其结构比正装复合模简单，在实际中应用更为广泛。

一、模具结构分析

如图 1—10 所示为倒装复合模装配图。

1. 在压力机的一次行程内，在一副模具中的同一位置上完成两道或两道以上冲压工序的冲模叫作__________模。在压力机的一次行程内，在一副模具中的不同位置按顺序完成两道或两道以上冲压工序的冲模叫作__________模。

2. 复合模中的凸凹模安装在下模部分时，叫作__________复合模。凸凹模安装在上模部分时，叫作__________复合模。

二、复合模零件及作用

请说出图 1—10 所示倒装复合模各零件的名称和作用，将复合模零件明细情况写在表 1—9 中。

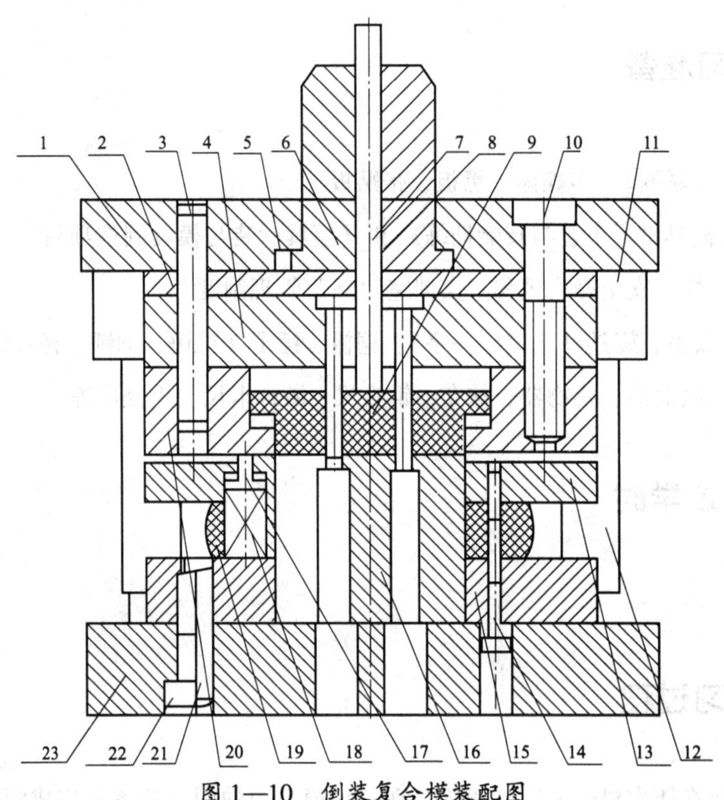

图 1—10 倒装复合模装配图

1—上模座 2—垫板 3、5—圆柱销 4—凸模固定板 6—模柄 7—打料杆 8—凸模
9—推件板 10、14、22—内六角圆柱头螺钉 11—导套 12—导柱 13—卸料板 15—凸凹模固定板
16—凸凹模 17—浮动挡销 18—弹簧 19—弹性体 20—凹模 21—圆柱销 23—下模座

表 1—9 复合模零件明细

模具类型						
序号	名称	数量	用途	材料	热处理	备注
1						
2						
3						
4						

续表

序号	名称	数量	用途	材料	热处理	备注
5						
6						
7						
8						
9						
10						
11						
12						
13						
14						
15						
16						
17						

续表

序号	名称	数量	用途	材料	热处理	备注
18						
19						
20						
21						
22						
23						
24						

三、复合模的拆卸与装配

1. 查阅相关资料，写出如图 1—10 所示复合模的工作过程。

____

____

____

____

____

____

____

____

2. 复合模的拆卸步骤与单工序模基本相同，先__________，然后______、拆上模、拆__________。

3．拆卸完成后，应将模具各部分零件、组件按__________顺序摆放，以方便观察和装配。

4．按工序及工步的方式，在表1—10中写出复合模的拆卸步骤。

表1—10　　复合模的拆卸步骤

工序	工步	操作内容	主要工具

5．模具装配包括装配__________模、__________模及上下合模。模具的装配按照“先拆的零件后装，后拆的零件先装”的基本顺序进行，由里至外依次完成每个零件的装配。

四、评价与反馈

1．在模具拆装过程中是否每一个安全事项都注意到了？如果没有，找出忽略的地方和原因。

2. 填写模具拆装评分表（见表1—11）。

表1—11 复合模的拆装评分表

序号	内容		配分	自检	互检	专检
1	描述模具结构	模具类型	5			
2		卸料形式	5			
3		定位方式	5			
4	准备工作充分		10			
5	正确使用拆装工具		10			
6	拆卸顺序、方法正确		15			
7	将零件做标记，顺序存放并清洗、涂油		10			
8	装配过程安排合理		15			
9	装配质量符合技术要求		15			
10	安全文明操作		10			
合计			100			

学习活动4　复合冲裁模测绘

学习目标

1. 会使用游标卡尺、千分尺等量具。
2. 能测绘出复合模的各部分尺寸。
3. 能绘制复合模具装配图及零件图。

任务导入

通过对如图1—9所示的复合模的测绘练习，进一步了解模具的零部件在模具中的作用，熟悉冲模的内部结构及工作原理，并绘制复合模具装配图及零件图。

学习准备

1. 计算机（联网）、多媒体、黑板、张贴板。

2. 教材《模具钳工工艺与技能训练》和《模具拆装与模具制造项目实训教程》，模具说明书、相关图样、安全操作规程、实训室“6S”管理制度。

3. 内六角扳手、旋具（十字、一字）、铜棒、锤子（铁锤、铜锤、橡胶锤）、平行等高垫块、记号笔、润滑油、盛物器、抹布、钢直尺、游标卡尺、千分尺等。

建议学时

10学时

学习过程

一、千分尺基本知识

1. 如图 1—11 所示，千分尺是一种精密量具，它的测量精度比游标卡尺________，而且比较灵敏。因此，对于加工精度要求较高的工件，要用千分尺来________。

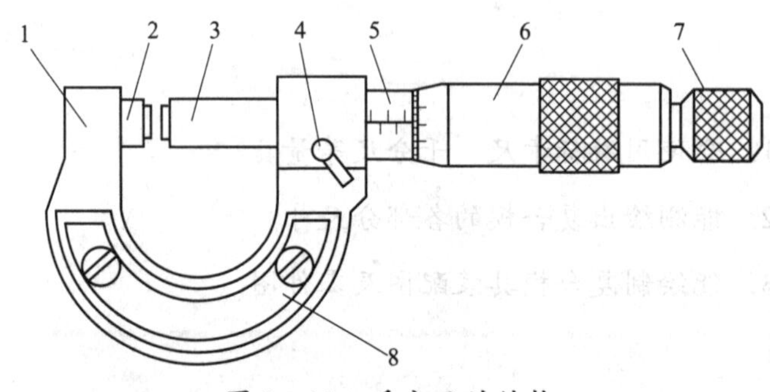

图 1—11 千分尺的结构

1—尺架 2—测砧 3—测微螺杆 4—锁紧装置 5—固定套筒 6—微分筒 7—测力装置 8—隔热装置

2. 千分尺的规格按测量范围分有 0 ~ 25 mm、______ mm、______ mm、______ mm、100 ~ 125 mm 等。使用时按被测工件的尺寸选用。

3. 千分尺的制造精度分为 0 级和 1 级两种，____级精度最高，____级稍差。

4. 对照游标卡尺和千分尺的结构，说说为什么千分尺有隔热装置而游标卡尺没有？

____

____

____

____

____

5. 写出图 1—12 所示千分尺的读数。

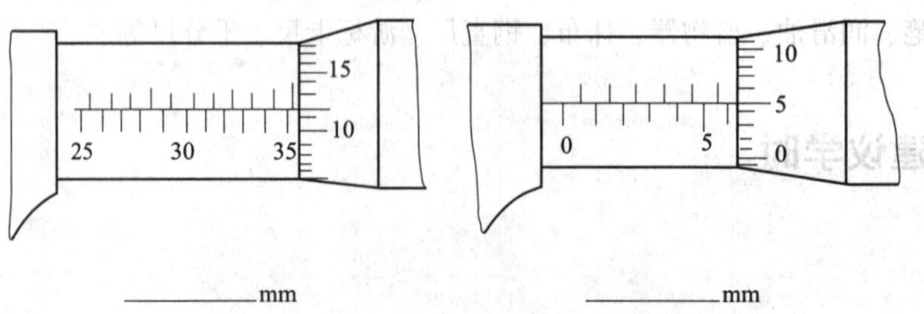

________mm ________mm

图 1—12 千分尺识读实例

二、模具的测绘

1. 写出你在测绘复合模时的一般步骤。

2. 在表 1—12 中，填写复合模零件的配合关系。

表 1—12　　复合模零件的配合关系

序号	相关配合零件	配合松紧程度	配合要求	配合尺寸测量值	配合尺寸
1	凸模		凸模实体小于凹模洞口一个间隙		
	凹模				
2	凸模		H7/m6 或 H7/n6		
	凸模固定板				
3	上模座		H7/r6 或 H7/s6		
	模柄				
4	上模座		H7/r6 或 H7/s6		
	导套				
5	下模座		H7/r6 或 H7/s6		
	导柱				
6	导柱		H6/h6 或 H7/h6		
	导套				
7	卸料板		卸料板孔大于凸模实体 0.2 ~ 0.6 mm		
	凸模				
8	销钉		H7/m6 或 H7/n6		
	待定位模板				

3．在表1—13中写出在拆装与测绘复合模时所需要的工具和量具。

表1—13 复合模拆装与测绘工具和量具

序号	名称	规格	精度	用途
1				
2				
3				
4				
5				
6				
7				
8				
9				
10				

续表

序号	名称	规格	精度	用途
11				
12				
13				
14				
15				
16				

4. 绘制模具装配图草图。

________模具装配图草图

时间		成员	
组号			

5．绘制模具零件图。

________________模具零件图

<table>
<tr><td>时间</td><td></td><td rowspan="2">成员</td><td rowspan="2"></td></tr>
<tr><td>组号</td><td></td></tr>
<tr><td colspan="4">零件序号：</td></tr>
<tr><td colspan="4"></td></tr>
</table>

三、评价与反馈

1．你在模具测绘过程中遇到了什么困难？是如何解决的？

____

____

____

____

____

____

2．填写模具测绘评分表（见表1—14）。

表1—14　　　　　　　　　　模具测绘评分表

序号	考核内容	配分	评分标准	学生自评	小组互评	教师评价	小计
1	准备工作充分	10	检查评定				
2	图形分布合理	10	一处不合理扣3分				
3	测绘方法正确，数据取值合理	15	一处不合理扣2分				
4	各零件的配合关系清楚、准确	15	一处错误扣3分				
5	图样绘制符合标准，标注正确	30	一处不合理扣1分				
6	时间安排合理	10	一处不合理扣2分				
7	安全文明生产	10	违者每次扣2分				
指导教师总体评价 教师签字：　　　　年　月　日						得分	

拓展任务　多工位连续冲裁模拆装与测绘

连续模又称级进模，是在压力机一次行程中，在模具的不同位置上同时完成两道或两道以上冲压工序的冲模。如图 1—13 所示为冲裁、弯曲、落料连续模总装配图。

连续模是一种工位多、效率高的冲模。在一副连续模上，根据冲压件的实际需要，按一定顺序安排了多个冲压工序（工位）进行连续冲压。它不但可以完成冲裁工序，还可以完成成形工序，甚至装配工序，许多需要多工序冲压的复杂冲压件可以在一副模具上完全成形，为高速自动冲压提供了有利条件。

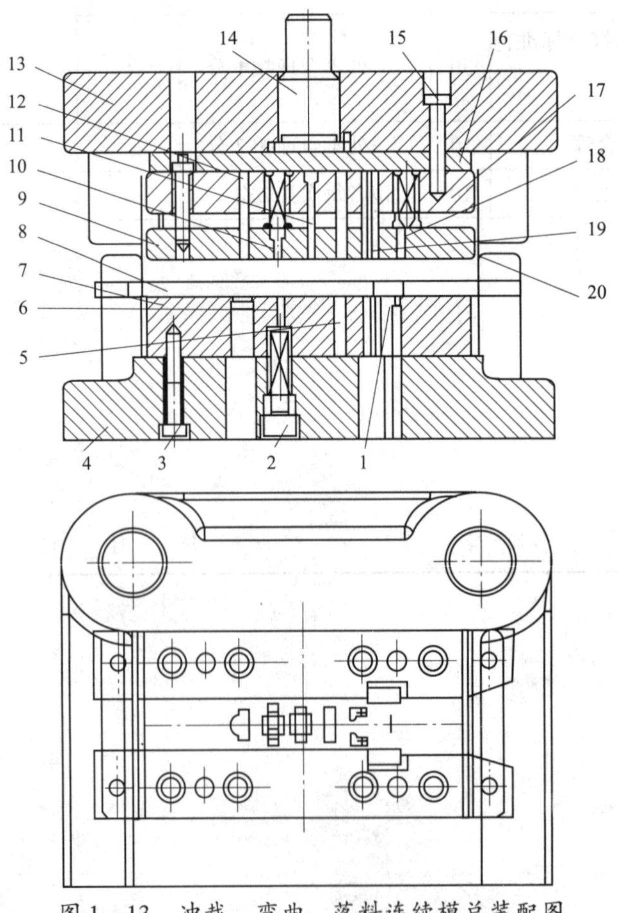

图 1—13　冲裁、弯曲、落料连续模总装配图

1、5—凹模镶块　2—螺塞　3、15—内六角螺钉　4—下模座　6—顶件块　7—凹模　8—导尺　9—卸料板　10—压料杆　11—弯双耳凸模　12—落料凸模　13—上模座　14—模柄　16—垫板　17—凸模固定板　18—冲废料凸模　19—冲孔凸模　20—安全挡板

1. 连续模工序顺序安排

原则上宜先安排冲孔、切口及切槽等冲裁工序，再安排弯曲、拉深及成形等工序，最后实现切断或落料分离。

2. 连续冲裁模装配精度要点

（1）凹模上各型孔的位置尺寸及步距要求装配准确，否则冲压制件很难达到规定要求。

（2）凹模型孔板、凸模固定板和卸料板三者型孔位置尺寸必须一致，即装配后各组型孔三者的中心线一致。

（3）各组凸模、凹模的冲裁间隙均匀一致。

3. 连续冲裁模装配方法

（1）装配基准件，以凹模组件为基准，首先安装及固定凹模组件。

（2）以凹模组件为基准安装及固定凸模组件。

（3）以凹模组件为基准安装及固定导料板。

（4）安装及固定承料板和侧压装置。

（5）安装及固定上模弹压卸料装置及导正销。

请拆装连续模并绘制总装配图。

任务二　注射模的拆装与测绘

学习目标

1. 能说出注射模的种类。
2. 说出注射模的结构组成及各零件的名称和作用。
3. 说出注射模拆装步骤及应注意的事项（包括安全事项）。
4. 合理使用模具拆装工作中所需的工、量具及设备。
5. 规范完成注射模的拆装与测量。
6. 能绘制模具零件图与模具装配图。
7. 能正确描述出所拆模具的动作过程。

工作情景描述

中山市某塑料制品有限公司模具车间某注射模因产品缺陷，操作工上报了修理工作单；模具检修班班长接到模具修理工作单，安排小李完成对注射模的拆装、检修任务。如果你是小李，请根据工作要求完成本任务。

建议学时

52 学时

工作过程与活动

学习活动 1　单分型面注射模拆装（18 学时）

学习活动 2　单分型面注射模测绘（12 学时）

学习活动 3　双分型面注射模拆装（12 学时）

学习活动 4　双分型面注射模测绘（10 学时）

拓展任务　后模斜抽芯注射模拆装与测绘

学习活动1　单分型面注射模拆装

学习目标

1. 能说出注射模的种类及作用。
2. 了解单分型面注射模的特点。
3. 能规范完成单分型面注射模的拆装。
4. 能正确描述出所拆模具的动作过程。

任务导入

通过对如图2—1所示的单分型面注射模的拆装练习，了解注射模的结构、零部件的装配关系及其在模具中的作用，熟悉注射模的内部结构及工作过程，掌握模具的装配方法和各装配工具的使用方法。

图2—1　单分型面注射模

学习准备

1. 计算机（联网）、多媒体、黑板、张贴板。

2. 教材《模具钳工工艺与技能训练》和《模具拆装与模具制造项目实训教程》，模具说明书、相关图样、安全操作规程、实训室“6S”管理制度。

3. 内六角扳手、旋具（十字、一字）、铜棒、锤子（铁锤、铜锤、橡胶锤）、平行等高垫块、记号笔、润滑油、盛物器、抹布、钢直尺、游标卡尺、千分尺等。

建议学时

18 学时

学习过程

单分型面注射模又称两板式注射模，这种模具只在动模板与定模板（二板）之间具有一个分型面，其典型结构如图 2—1 所示。单分型面注射模是注射模中最简单、最基本的一种形式，它根据需要可以设计成单型腔注射模，也可以设计成多型腔注射模。对成型塑料的适应性很强，因而应用十分广泛。其装配图如图 2—2 所示。

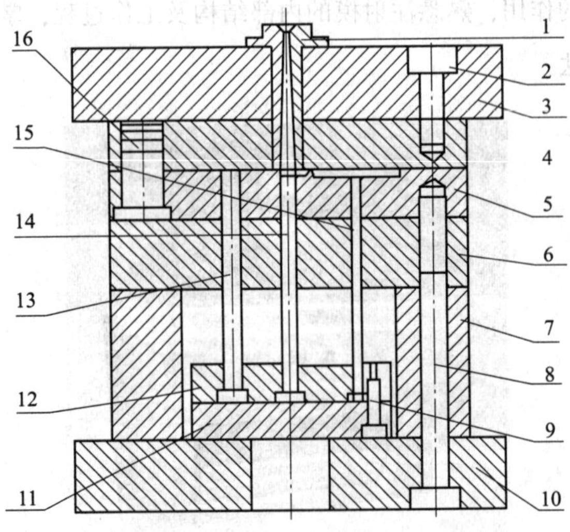

图 2—2 单分型面注射模装配图

1—浇口套 2、8、9—内六角圆柱头螺钉 3—定模座板 4—定模板 5—动模板 6—支承板 7—垫块 10—动模座板 11—推板 12—推杆固定板 13—复位杆 14—拉料杆 15—推件杆 16—导柱

一、注射模的分类

1. 注射模按分型面分类可分为单分型面注射模和__________注射模。

2. 单分型面注射模又称____板式模，是注射模中最简单的一种，它以分型面为界面将整个模具分为动模和定模两部分。一部分型腔在动模，另一部分型腔在定模。主流道在定模，分流道开设在分型面上，开模后，制品和流道留在______模，动模部分设有顶出系统。

3. 双分型面注射模又称______板式模或细水口模，由____个分型面将模具分成三部分，在两板式模基础上增加了浇口板，适用于制品的四周不准有浇口痕迹的场合，这种模具采用点浇口，所以又称细水口模。

4. 注射模按成型方法分类可分为__________模、__________模、__________模、__________模、__________模和中空成型模。

5. 注射成型是先把塑料加入注射机的加热料筒内，塑料受热熔融，在注射机______或______的推动下，经喷嘴和模具浇注系统进入模具____，由于物理及化学作用而硬化定型成为注塑制品。注射成型由______、保压（冷却）和塑件脱模过程构成循环周期，因而注射成型具有周期性的特点。

二、注射模结构分析

1. 凡是注射模，均可分为__________和__________两大部分。定模安装在注射机的固定模板上，而__________则安装在注射机的移动模板上。

2. 请说出如图2—2所示单分型面注射模各零件的名称和作用，填写模具零件明细表，见表2—1。

表2—1　模具零件明细

模具类型						
序号	名称	数量	用途	材料	热处理	备注
1						
2						
3						

续表

序号	名称	数量	用途	材料	热处理	备注
4						
5						
6						
7						
8						
9						
10						
11						
12						
13						
14						
15						
16						

3. 查阅相关资料，在表 2—2 中填写出注射模零件的作用及组成零件。

表 2—2　注射模零件的作用及组成零件

序号	名称	作用	组成零件（包括）
1	成形零件		
2	浇注系统零件		
3	脱模系统零件		
4	冷却及加热系统零件		
5	结构零件		
6	导向零件		
7	抽芯机构零件		
8	紧固零件		

三、单分型面注射模的拆卸与装配

1. 查阅相关资料，写出单分型面注射模的动作过程。

2. 单分型面注射模的拆卸步骤为＿＿＿＿＿＿、拆定模、拆＿＿＿＿＿＿＿。

3. 用文字表述如图 2—3 所示的分模方法。

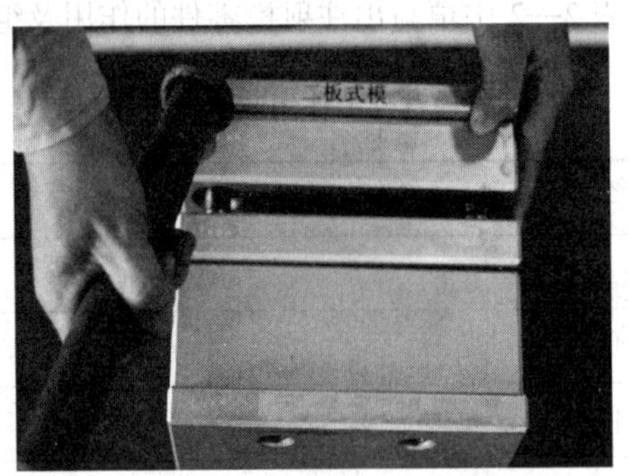

图 2—3　分模

4．定模拆卸顺序是先拆______，再拆定模座板，最后拆____________。

5．按工序及工步的方式，在表 2—3 中写出单分型面模的拆卸步骤。

表 2—3　单分型面模的拆卸步骤

工序	工步	操作内容	主要工具

四、评价与反馈

1. 在模具拆装过程中是否每一个安全事项都注意到了？如果没有，找出忽略的地方和原因。

____

____

____

____

____

____

2. 填写模具拆装评分表（见表 2—4）。

表 2—4　　　模具拆装评分表

序号	内容		配分	自检	互检	专检
1	描述模具结构	模具类型	5			
2		卸料形式	5			
3		定位方式	5			
4	准备工作充分		10			
5	正确使用拆装工具		10			
6	拆卸顺序、方法正确		15			
7	将零件做标记，顺序存放并清洗、涂油		10			
8	装配过程安排合理		15			
9	装配质量符合技术要求		15			
10	安全文明操作		10			
合计			100			

学习活动 2　单分型面注射模测绘

学习目标

1. 能正确使用常用量具。
2. 能测绘出单分型面注射模的各部分尺寸。
3. 能绘制单分型面注射模装配图及零件图。

任务导入

通过对如图 2—1 所示的单分型面注射模的测绘练习，进一步了解模具的零部件在模具中的作用，熟悉单分型面注射模的内部结构及工作原理，并能绘制出单分型面注射模装配图及零件图。

学习准备

1. 计算机（联网）、多媒体、黑板、张贴板。

2. 教材《模具钳工工艺与技能训练》和《模具拆装与模具制造项目实训教程》，模具说明书、相关图样、安全操作规程、实训室“6S”管理制度。

3. 内六角扳手、旋具（十字、一字）、铜棒、锤子（铁锤、铜锤、橡胶锤）、平行等高垫块、记号笔、润滑油、盛物器、抹布、钢直尺、游标卡尺、千分尺等。

建议学时

12 学时

学习过程

一、单分型面注射模的测绘

模具测绘一般在模具拆卸之后进行。通过模具测绘有助于进一步认识模具零件，了解模具相关零件之间的装配关系。单分型面注射模的测绘与冷冲模测绘基本相同。

1．写出单分型面注射模测绘的一般步骤。

2．在表 2—5 中填写单分型面注射模零件的配合关系。

表 2—5　　单分型面注射模零件的配合关系

序号	相关配合零件	配合松紧程度	配合要求	配合尺寸测量值	配合尺寸
1	导柱		H7/f7 或 H8/f8		
	导向孔				
2	导柱		H7/m6		
	导柱固定板				
3	导柱		H8/f6		
	导套				
4	推杆		H8/f6		
	推杆配合孔				
5	浇口套		H7/m6		
	定模座板				
6	推件板		H7/f6		
	型芯或凸模				
7	推件板		H7/f7		
	导柱				

3. 在表2—6中写出在模具拆装与测绘时所需要的工具和量具。

表2—6 模具拆装与测绘工具和量具

序号	名称	规格	精度	用途
1				
2				
3				
4				
5				
6				
7				
8				
9				
10				

续表

序号	名称	规格	精度	用途
11				
12				
13				
14				
15				

4．绘制模具装配图草图。

__________模具装配图草图

时间		成员	
组号			

5．绘制模具零件图。

____________模具零件图

时间		成员	
组号			
零件序号：			

二、评价与反馈

1．你在测绘单分型面注射模过程中遇到了什么困难？是如何解决的？

____

____

____

____

____

____

____

____

2. 填写模具测绘评分表（见表2—7）。

表2—7 模具测绘评分表

序号	考核内容	配分	评分标准	学生自评	小组互评	教师评价	小计
1	准备工作充分	10	检查评定				
2	图形分布合理	10	一处不合理扣3分				
3	测绘方法正确，数据取值合理	15	一处不合理扣2分				
4	各零件的配合关系清楚、准确	15	一处错误扣3分				
5	图样绘制符合标准，标注正确	30	一处不合理扣1分				
6	时间安排合理	10	一处不合理扣2分				
7	安全文明生产	10	违者每次扣2分				
指导教师总体评价 教师签字： 年 月 日						得分	

学习活动3　双分型面注射模拆装

学习目标

1. 说出双分型面注射模的结构组成及各零件的名称和作用。

2. 说出双分型面注射模的拆装步骤及应注意的事项（包括安全事项）。

3. 合理使用拆装工具及设备。

4. 能规范完成双分型面注射模的拆装。

5. 能正确描述出所拆模具的动作过程。

任务导入

通过对如图2—4所示的双分型面注射模的拆装练习，了解双分型面注射模的结构、零部件的装配关系及其在模具中的作用，熟悉模具的内部结构及工作过程，掌握模具的装配方法和各装配工具的使用方法。

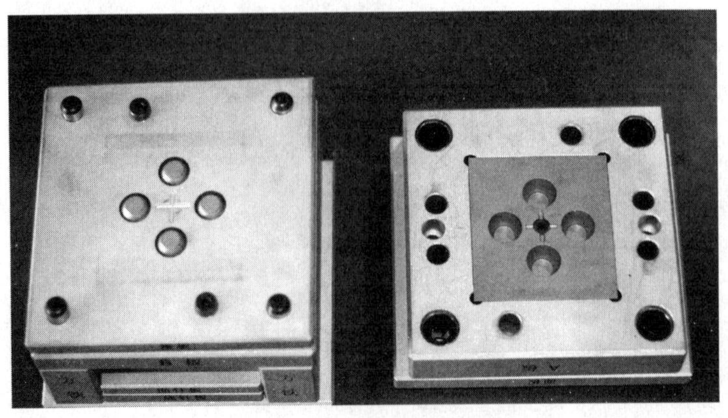

图2—4　双分型面注射模

学习准备

1. 计算机（联网）、多媒体、黑板、张贴板。

2. 教材《模具钳工工艺与技能训练》和《模具拆装与模具制造项目实训教程》，模具说明书、相关图样、安全操作规程、实训室“6S”管理制度。

3. 内六角扳手、旋具（十字、一字）、铜棒、锤子（铁锤、铜锤、橡胶锤）、平行等高垫块、记号笔、润滑油、盛物器、抹布、钢直尺、游标卡尺、千分尺等。

建议学时

12 学时

学习过程

双分型面注射模（见图 2—4）有两个分型面，也称三板式注射模。

一、模具结构分析

1. 双分型面注射模又称______板式注射模或______水口模，有____个分型面将模具分成三部分，比两板式注射模增加了浇口板，适用于制品的四周不准有浇口痕迹的场合，这种模具采用点浇口，所以叫细水口模，这种模具结构相应复杂些。

2. 请说出图 2—5 所示双分型面注射模的各零件的名称和作用并填写模具零件明细表（见表 2—8）。

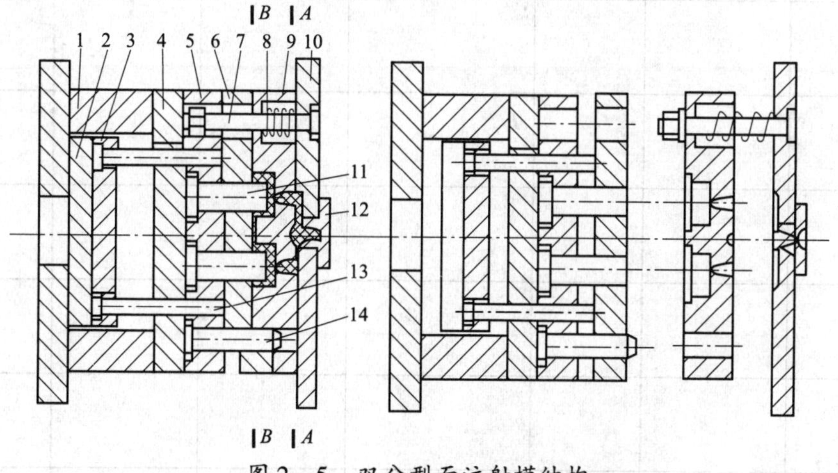

图 2—5　双分型面注射模结构

1—垫块　2—推板　3—推杆固定板　4—支撑板　5—动模板（型芯固定板）　6—推件板　7—螺钉　8—弹簧　9—定模板　10—定模板座　11—型芯　12—浇口套　13—推杆（复位杆）　14—导柱

表 2—8 模具零件明细表

模具类型						
序号	名称	数量	用途	材料	热处理	备注
1						
2						
3						
4						
5						
6						
7						
8						
9						
10						
11						
12						
13						
14						
15						

二、双分型面注射模的拆卸与装配

1. 查阅相关资料，写出如图 2—5 所示双分型面注射模的工作过程。

____

____

____

____

____

____

____

2. 注射模装配时常用的装配基准有两种：一种是以注射模中的主要________如型芯（凸模）、型腔（凹模）和镶块等为装配基准件，模具的其他零件都依装配基准件进行顺序装配；另一种是以模板侧边两相互______的基准面为基准，凡型腔、型芯的修整和装配，导柱、导套的安装孔位置及侧抽滑块的导向位置等，均依基准面分别定位、找正。

3. 按工序及工步的方式，在表 2—9 中写出双分型面注射模的装配复原步骤。

表 2—9　　双分型面注射模的装配复原步骤

工序	工步	操作内容	主要工具

三、评价与反馈

1. 在模具拆装过程中是否每一个安全事项都注意到了？如果没有，找出忽略的地方和原因。

2. 填写模具拆装评分表（见表 2—10）。

表 2—10　模具拆装评分表

序号	内容		配分	自检	互检	专检
1	描述模具结构	模具类型	5			
2		卸料形式	5			
3		定位方式	5			
4	准备工作充分		10			
5	正确使用拆装工具		10			
6	拆卸顺序、方法正确		15			
7	零件做标记顺序存放并清洗涂油		10			
8	装配过程安排合理		15			
9	装配质量符合技术要求		15			
10	安全文明操作		10			
合计			100			

学习活动 4　双分型面注射模测绘

学习目标

1. 能正确使用常用量具。
2. 能测绘出双分型面注射模的各部分尺寸。
3. 能绘制双分型面注射模具装配图及零件图。

任务导入

通过对图 2—4 所示的双分型面注射模的测绘练习，进一步了解模具的零部件在模具中的作用，熟悉模具的内部结构及工作原理，并绘制双分型面注射模装配图及零件图。

学习准备

1. 计算机（联网）、多媒体、黑板、张贴板。

2. 教材《模具钳工工艺与技能训练》《模具拆装与模具制造项目实训教程》，模具说明书、相关图样、安全操作规程、实训室“6S”管理制度。

3. 内六角扳手、旋具（十字、一字）、铜棒、手锤（铁锤、铜锤、橡胶锤）、平行等高垫块、记号笔、润滑油、盛物器、抹布、钢直尺、游标卡尺、千分尺等。

建议学时

10 学时

学习过程

一、双分型面注射模的测绘

通过对双分型面注射模的测绘有助于进一步认识模具零件，了解模具相关零件之间的装配关系。双分型面注射模测绘与单分型面注射模测绘基本相同。

1. 写出双分型面注射模测绘的一般步骤。

2. 在表2—11 中，填写双分型面注射模零件的配合关系。

表2—11　　双分型面注射模零件配合情况测绘表

序号	相关配合零件	配合松紧程度	配合要求	配合尺寸测量值	配合尺寸
1	导柱		H7/f7 或 H8/f8		
	导向孔				
2	导柱		H7/m6		
	导柱固定板				
3	导柱		H8/f6		
	导套				
4	推杆		H8/f6		
	推杆配合孔				
5	浇口套		H7/m6		
	定模座板				
6	推件板		H7/f6		
	型芯或凸模				
7	推件板		H7/f7		
	导柱				

3. 在表 2—12 中，写出你在双分型面注射模拆装与测绘时所需要的工、量具。

表 2—12　　双分型面模拆装与测绘工、量具

序号	名称	规格	精度	用途
1				
2				
3				
4				
5				
6				
7				
8				
9				
10				

续表

序号	名称	规格	精度	用途
11				
12				
13				
14				
15				

4. 绘制模具装配图草图。

________模具装配图草图

时间		成员	
组号			

5．绘制模具零件图。

________模具零件图

时间		成员	
组号			
零件序号：			

二、评价与反馈

1．写出你在测绘双分型面注射模过程中遇到了什么困难？是如何解决的？

2. 填写模具测绘评分表（见表2—13）。

表2—13 模具测绘评分表

序号	考核内容	配分	评分标准	学生自评	小组互评	教师评价	小计
1	准备工作充分	10	检查评定				
2	图形分布合理	10	一处不合理扣3分				
3	测绘方法正确、数据取值合理	15	一处不合理扣2分				
4	各零件的配合关系清楚、准确	15	一处错误扣3分				
5	图样绘制符合标准、标注正确	30	一处不合理扣1分				
6	时间安排合理	10	一处不合理扣2分				
7	安全文明生产	10	违者每次扣2分				
指导教师总体评价 教师签字： 年 月 日						得分	

拓展任务　后模斜抽芯注射模拆装与测绘

1. 斜抽芯机构组成

斜抽芯机构组成如图 2—6 所示，其成型零件是活动型芯，运动元件是滑块，传动元件是斜导柱，锁紧元件是楔紧块，限位元件是限位块。

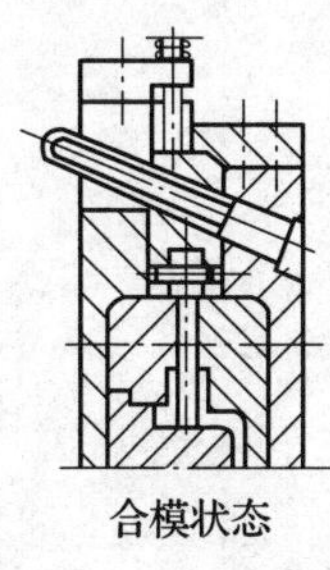
合模状态

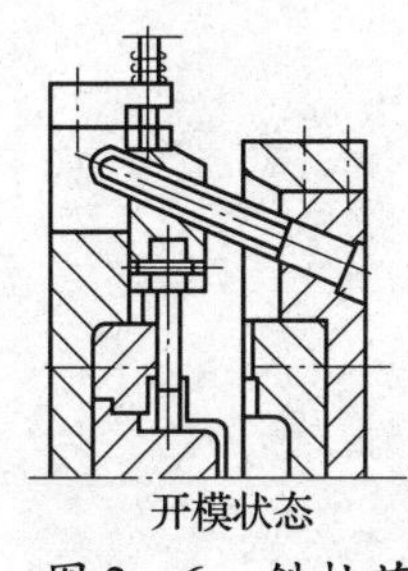
开模状态

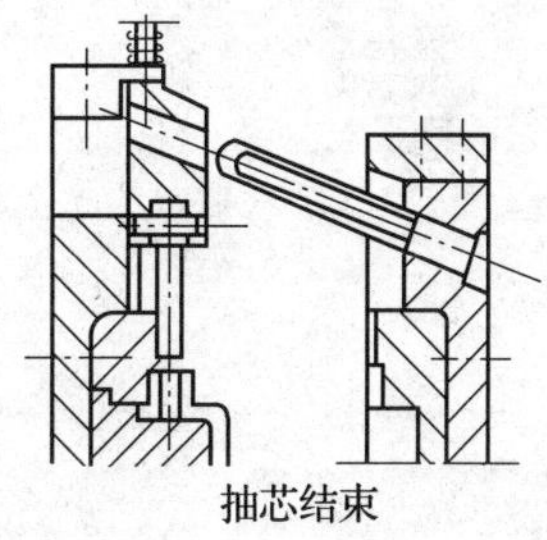
抽芯结束

图 2—6　斜抽芯机构

2. 斜抽芯机构工作原理

开模：定模、动模分开，滑块随动模做水平运动，与此同时滑块被强制地沿斜导柱做向上运动，将型芯从压铸件的侧孔内抽出来。随着开模过程的进行，动、定模之间的距离越来越大，当滑块脱出斜导柱时，也完成了抽芯动作。

合模：开模结束时，由于限位块的作用，使滑块停留在斜导柱脱离时的位置上，因此，在合模过程中斜导柱会很顺利地插入滑块的导滑孔中，强制滑块在合模的过程中向下运动，当动、定模合拢时，滑块也就恢复到开模抽芯之前的位置。

3. 拆装与测绘

拆装与测绘后模斜抽芯注射模，如图 2—7 所示。

图 2—7　后模斜抽芯注射模

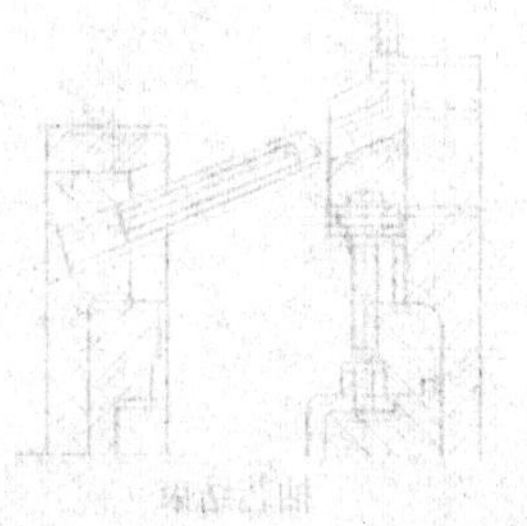
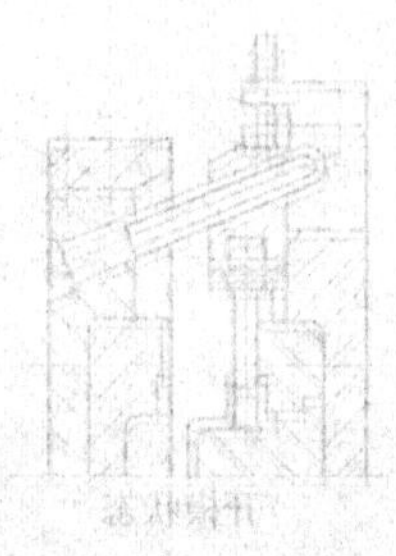
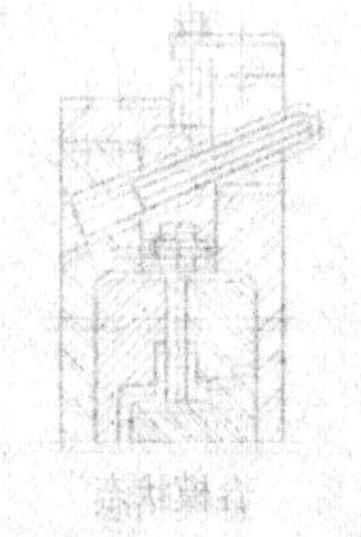

任务三　冲压模模板手工制作

1. 能遵守安全操作规范，按章操作，并注重环保意识的养成。

2. 能描述台虎钳及钻床的结构、功能，并能按台虎钳及钻床的安全操作规程操作。

3. 能看懂图样，明确加工技术要求。

4. 掌握平面划线、锉削、锯削和孔加工的技能操作。

5. 能测量检查完成的零件。

6. 能正确地使用工、量具和检测维修设备。

7. 能按照教师要求保养弓锯、锉刀、钻床、台虎钳、砂轮机、游标卡尺、刀口尺、刀口形直角尺、游标高度尺、划针、划规，并会规范使用。

工作情景描述

东莞市某五金模具厂的冲压部门有一套冲孔冷冲模冲裁出的产品有缺陷，操作工上报了修理工作单，冷冲模经拆检发现模板严重磨损，需重新加工，加工部门接到工作任务后，初步了解了情况，承诺交付时间，立即将任务交给小张，要求在规定时间内手工制作完成。如果你是小张，请根据工作要求完成本任务。

建议学时

52 学时

工作过程与活动

学习活动 1　上模板平面划线（6 学时）

学习活动2　上模板平面锯削（12学时）

学习活动3　上模板平面锉削（12学时）

学习活动4　上模板孔及螺纹加工（10学时）

学习活动5　下模板手工制作（12学时）

拓展任务　卸料板手工制作

学习活动1　上模板平面划线

学习目标

1. 能够遵守安全操作规范，按章操作，并注重环保意识的养成。
2. 能明确划线的作用。
3. 掌握基本线条的划线方法。
4. 懂样冲的作用和打样冲眼的基本要求。
5. 能正确使用划线工具安全生产。

任务导入

如图3—1所示为上模板的零件图，划线是上模板加工的第一个步骤，在提供的薄板料上，练习抄划出上模板图形加工的形状。

学习准备

1. 计算机（联网）、扩音机、多媒体、黑板、张贴板。
2. 《模具钳工工艺与技能训练》教材、上模板零件图样。
3. 划线平板、游标高度尺、划规、样冲、划针、钢直尺、蓝油。

建议学时

6学时

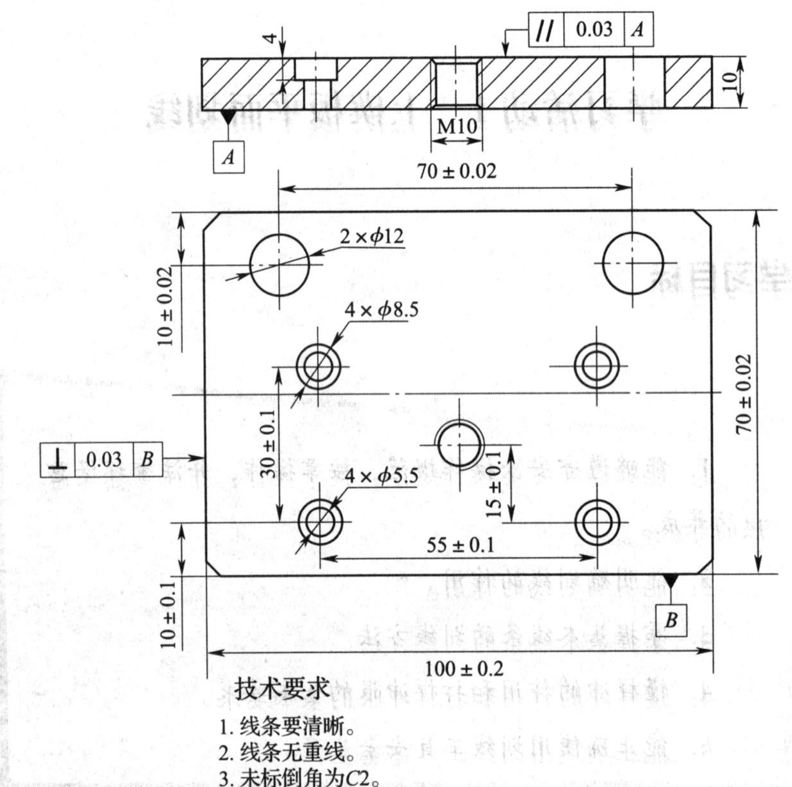

图 3—1 上模板平面划线

学习过程

一、划线简介

1. 划线定义：根据图样和技术要求，在毛坯和半成品上用划线工具划出加工界线，或作为基准的点和线的操作过程称为划线。

2. 划线分为____________和____________。

3. 划线要求：________________________________。

4. 划线的精度：____________。

5. 划线的作用：________________________________

____

____

____

____

二、划线工具及其使用方法

1. 查阅相关资料，在表 3—1 括号中填写图示划线工具的名称并写出其功能特点。

表 3—1　　划线工具

序号	示意图	功能特点
1	（　　　　）　（　　　　）	
2	1 2 3 4 5 6 7 8 9 10 11 12 13 14 15 （　　　　）	

续表

序号	示意图	功能特点
3	10°~20° (　　　　)	
4	45°~60° (　　　　)	
5	(　　　　)	
6	(　　　　)	

续表

序号	示意图	功能特点
7	（　　　　　）	

2. 请查阅资料，写出常用的涂料有哪些。

____

____

____

____

____

三、平面划线时基准线的确定

平面划线的划线基准有三种：

1. 两条互相垂直的中心线。
2. 两条垂直平面的投影线。
3. 一中心线和与它垂直平面的投影线。

请根据图 3—2 所示，正确写出各图形属于哪种划线的基准。

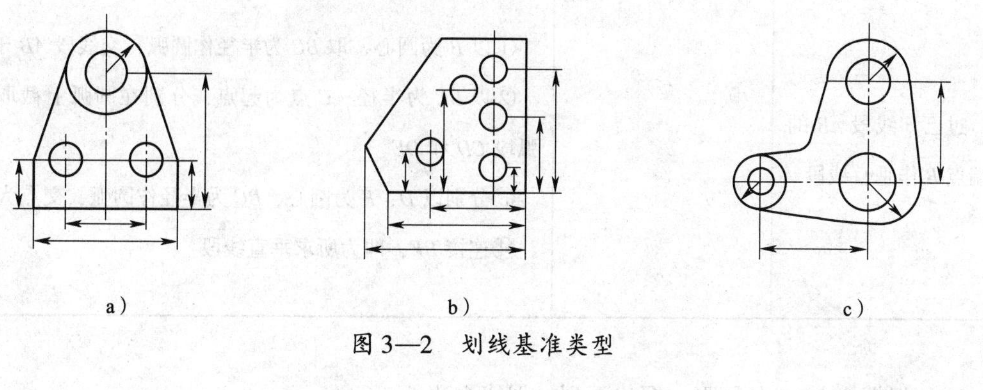

图 3—2　划线基准类型

图 a：__________　图 b：__________　图 c：__________

四、基本线条的划法

1．根据表3—2的划线方法，用作图工具划出图形。

表3—2　　划线

划线要求	图形	划线方法
将线段*AB*五等分（或若干等分）		①由*A*点作一射线并与已知线段*AB*成某一角度 ②从点*A*开始在射线上任意截取五等分点*D*、*E*、*F*、*G*、*C* ③连接*BC*，并过*D*、*E*、*F*、*G*分别作*BC*线段的平行线，在*AB*线上的交点即为*AB*线段的五等分点
作与线段*AB*距离为*R*的平行线		①在已知线段上任取两点*C*、*D* ②分别以*C*、*D*为圆心，*R*为半径在同侧作圆弧 ③作两圆弧的公切线，即为所求的平行线
过线外一点*P*，作线段*AB*的平行线		①在*AB*线段上取一点*O* ②以*O*为圆心、*OP*为半径作圆弧，交AB于*C*、*D* ③以*D*为圆心、*CP*为半径作圆弧，交圆弧*CD*于*E* ④连接*PE*，即为所求平行线
过已知线段*AB*的端点*B*作垂直线段		①以*B*为圆心，取*BC*为半径作圆弧，交线段*AB*于*C* ②以*BC*为半径、*C*点为起点，分别在圆弧上截取圆弧段*CD*和*DE* ③分别以*D*、*E*为圆心，*BC*为半径作圆弧，交点为*F* ④连接*BF*，即为所求垂直线段

2．根据表3—3的图形，写出下列的划线方法。

表 3—3　　划线

划线要求	图形	划线方法
作 45°的线	A, C, R, E, R, 45°, O, D, B	
作 30°的线	A, R, C, E, 30°, O, D, B	
作 60°的线	A, C, E, R, 60°, O, D, B	
作 75°的线	A, F, E, C, 15°, R, 60°, O, D, B	
作与两相交直线相切的圆弧	B, R, R, O, R, A, C	

五、上模板划线

1．如图 3—1 所示，划出上模板的加工线。

2．写出表 3—4 划线步骤所需的工、量具。

表 3—4　划线步骤所需的工、量具

步骤	工步	工、量具
1	备薄板毛坯料（105 mm × 75 mm × 5 mm）保证一组互相垂直的平面作为划线基准	
2	划尺寸 100 mm 和 70 mm 的中心线	
3	以 100 mm 的中心线为基准划出 55 mm 和 70 mm 的尺寸线	
4	以 *B* 面为基准，分别划出 10 mm、15 mm、30 mm 及 70 mm 的尺寸线	
5	打好样冲眼，分别划出 ϕ12 mm、ϕ8.5 mm、ϕ5.5 mm	
6	打好样冲眼，划出 M10 螺纹	
7	划出倒角线	

六、评价与反馈

1. 在实施作业时每一个安全事项都注意到了吗？如果没有，找出忽略的地方和原因。

____

____

____

____

____

2. 填写评分表（见表3—5）。

表3—5　　上模板平面划线评分表

序号	考核内容	配分	评分标准	学生自评	小组互评	教师评价	小计
1	涂色薄而均匀	4	总体评定				
2	图形分布合理	9	一处不合理扣3分				
3	线条清晰	12	一处不合理扣2分				
4	线条无重线	12	一处不合理扣2分				
5	尺寸公差为±0.3 mm	30	一处不合理扣3分				
6	冲眼分布合理、准确	18	一处不合理扣2分				
7	正确选用工具及操作姿势	15	一处不合理扣5分				
8	安全文明生产	扣分	轻度违章扣2分/次，严重违章扣5～10分/次				
指导教师总体评价 教师签字：　　　　年　　月　　日						得分	

学习活动2 上模板平面锯削

学习目标

1. 能够遵守安全操作规范，按章操作，并注重环保意识的养成。
2. 懂锯条的正确安装方法。
3. 懂握锯的方法和起锯的方法。
4. 懂锯削时的站立姿势和动作。
5. 能正确锯削，并能达到一定的锯削精度。
6. 能分析锯条折断和锯缝歪斜的原因，并找到防止方法。

任务导入

如图3—3所示为上模板毛坯件锯削图，要求用手工锯削操作的方式加工，按图样进行平面锯削，达到图样技术要求。

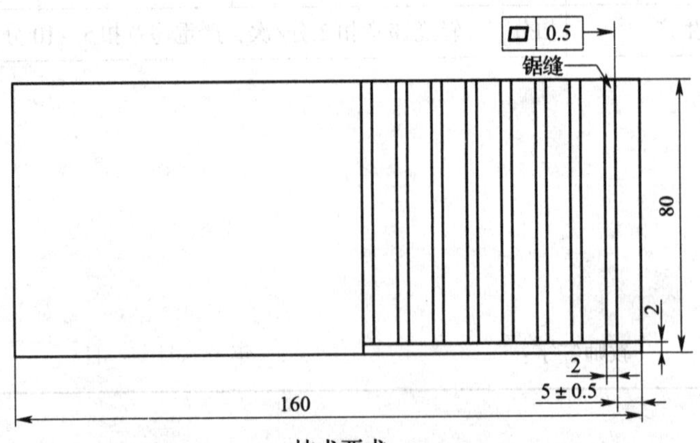
0.5
锯缝
80
2
2
5±0.5
160
技术要求
1. 锯割面表面不能有其他刀纹。
2. 锯割面平面度为0.5mm。

图3—3 上模板毛坯件锯削

学习准备

1. 计算机（联网）、扩音机、多媒体、黑板、张贴板。

2.《模具钳工工艺与技能训练》教材，上模板毛坯件图样。

3. 划线平板、游标高度尺、锯片、锯弓、划针、钢直尺、蓝油。

建议学时

12 学时

学习过程

一、实训场地安全标志认识

1. 你知道表 3—6 中的标志图片代表的含义吗？

表 3—6　　安全标志

标志图片	含义	标志图片	含义	标志图片	含义

续表

标志图片	含义	标志图片	含义	标志图片	含义

2．请仔细观察表3—7中几个工作场景图片，他们的劳保护具穿戴有问题吗？如有问题，请加以指正。

表3—7　　劳保护具的穿戴

图片	你的观察结果	图片	你的观察结果
		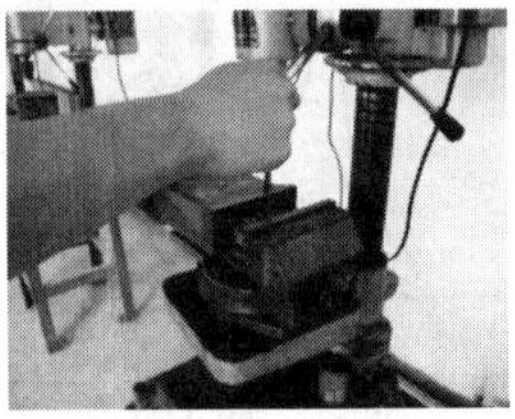	

二、锯削工艺

用手锯对材料或工件进行切断或切槽的操作叫锯削。

1. 手锯构造

手锯由锯弓和锯条构成。锯弓是用来安装锯条的，它有可调式和固定式两种。固定式锯弓只能安装一种长度；可调式锯弓通过调整可以安装几种长度的锯条，并且可调式锯弓的锯柄形状便于用力，所以目前被广泛使用。

观察表 3—8 中的图片，写出图中锯弓属于哪种形式的锯弓。

表 3—8　锯弓

图片	你的观察结果	图片	你的观察结果
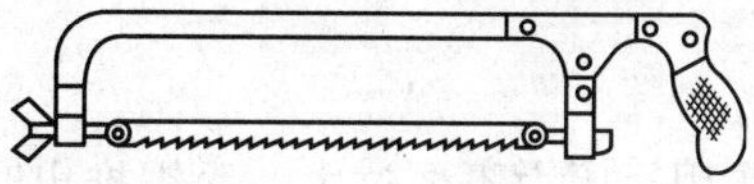		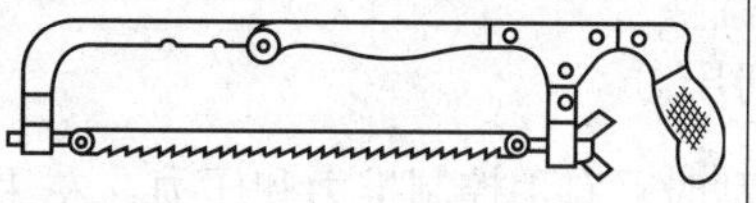	

2. 锯条的正确选用

锯条是用 T10 或 T12 等碳素工具钢或合金工具钢经热处理后制成的。锯条的规格以锯条两端安装孔间的距离来表示。常用的锯条长度为 300 mm、宽为 12 mm、厚为 0. 8 mm。

根据锯条规格分类，写出表 3—9 中各种锯条的应用。

表 3—9　锯条规格分类及应用

锯齿粗细	每 25 mm 长度内的齿数	应用
粗	14 ~ 18	
中	22 ~ 24	
细	32	
细变中	32 ~ 20	

3．安装锯条

手锯向前推时才起切削作用，锯条安装时一定要注意锯齿应向前倾斜，不能装反，否则锯齿前角变为负值，不能正常锯削。

观察表 3—10 中的图片，写出图中哪个锯条安装正确。

表 3—10　　锯条安装

图片	你的观察结果	图片	你的观察结果
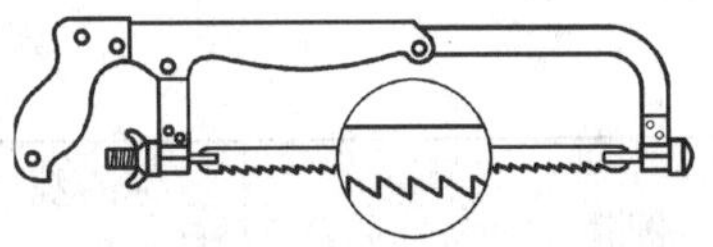		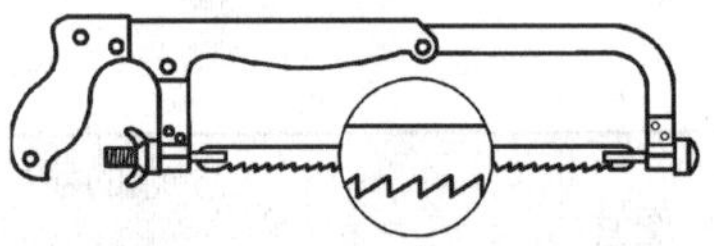	

4．锯削压力

锯削运动时，右手控制推力和压力，左手主要起扶正作用，压力不要过大。手锯推出时为切削，要施加压力，回程时不加压力，以免锯齿磨损。工件将要锯断时，压力一定要小。

观察表 3—11 中的图片，写出图中箭头表达的含义。

表 3—11　　锯削压力

图片	你的观察结果	图片	你的观察结果
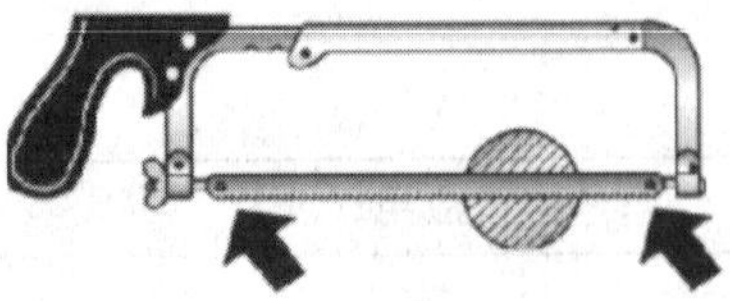		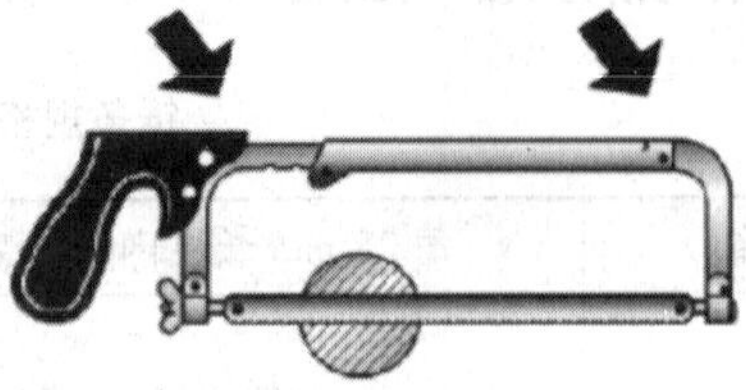	

5．起锯方法

起锯有远起锯和近起锯两种。远起锯是指从工件远离操作者的一端起锯，锯齿逐步切入材料，不易被卡住，起锯较方便；近起锯是指从工件靠近操作者的一端起锯，这种方法如果掌握不好，锯齿容易被工件的棱边卡住，造成锯条崩齿，此时可向后拉手锯做倒向起锯，使起锯时接触的齿数增加，就不会被棱边卡住而崩齿。一般情况下，采用远起锯的方法。

（1）观察表 3—12 中的图片，写出图中所示的起锯方法属于哪种起锯方法。

表 3—12　　起锯方法

图片	你的观察结果	图片	你的观察结果

（2）起锯角度太大或太小对锯削有何影响？

（3）如图 3—4 所示，写出下图的起锯位置是否合适，为什么？

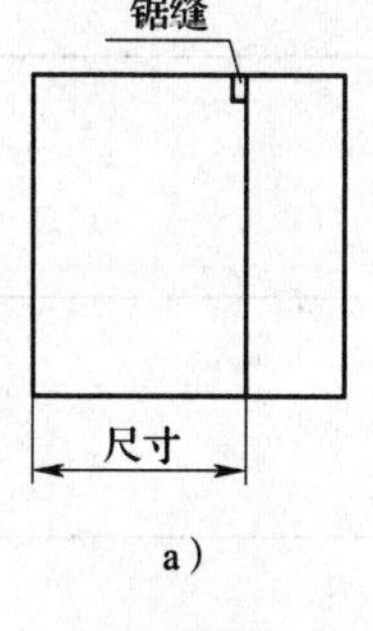

a）

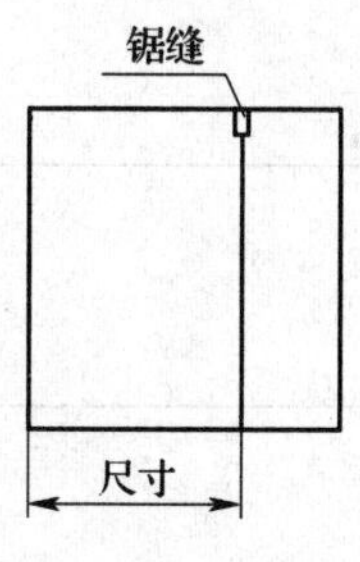

b）

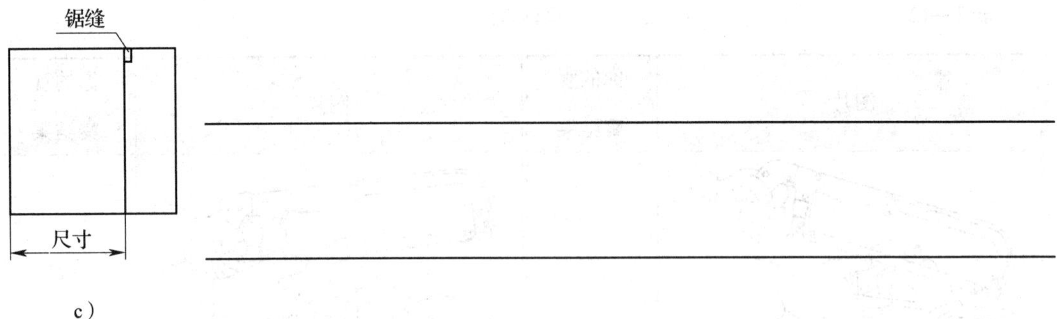

c）

图 3—4 起锯位置

三、上模板锯削

如图 3—3 所示，完成上模板锯削。在表 3—13 中写出上模板锯削工艺步骤。

表 3—13 上模板锯削工艺步骤

步骤	工步	工、量具
1	备料（160 mm×80 mm×10 mm）保证一组互相垂直的平面作为划线基准	
2		
3		
4		
5		
6		
7		

四、评价与反馈

1. 在实施作业时每一个安全事项都注意到了吗？如果没有，找出忽略的地方和原因。

____

____

____

____

____

2. 填写评分表（见表3—14）。

表3—14　　上模板锯削评分表

序号	考核内容	配分	评分标准	学生自评	小组互评	教师评价	小计
1	(5±0.5) mm	25	超差不得分				
2	平面度0.5 mm	25	超差一处扣3分				
3	锯削断面纹路整齐	20	酌情扣分				
4	锯削姿势完全正确	25	酌情扣分				
5	外形无损伤	5	酌情扣分				
6	锯条使用	每折断一根扣3分					
7	安全文明生产	违者每次扣3分					
指导教师总体评价 教师签字：　　　年　　月　　日						得分	

学习活动3　上模板平面锉削

学习目标

1. 能够遵守安全操作规范，按章操作，并注重环保意识的养成。

2. 掌握平面锉削时的站立姿势和动作。

3. 懂得锉削时两手用力的方法。

4. 掌握正确的锉削速度。

5. 会用刀口尺（或钢直尺）检查平面度。

6. 懂得锉刀的保养和锉削时的安全知识。

任务导入

如图3—5所示为上模板外形图，要求用手工锉削操作的方式加工，按图样进行平面锉削，达到图样技术要求。

学习准备

1. 计算机（联网）、扩音机、多媒体、黑板、张贴板。

2.《模具钳工工艺与技能训练》教材，上模板毛坯件图样。

3. 锉刀、锯片、锯弓、划线平板、划针、游标高度尺、游标卡尺、千分尺、刀口尺、刀口直角尺、钢直尺、蓝油。

建议学时

12学时

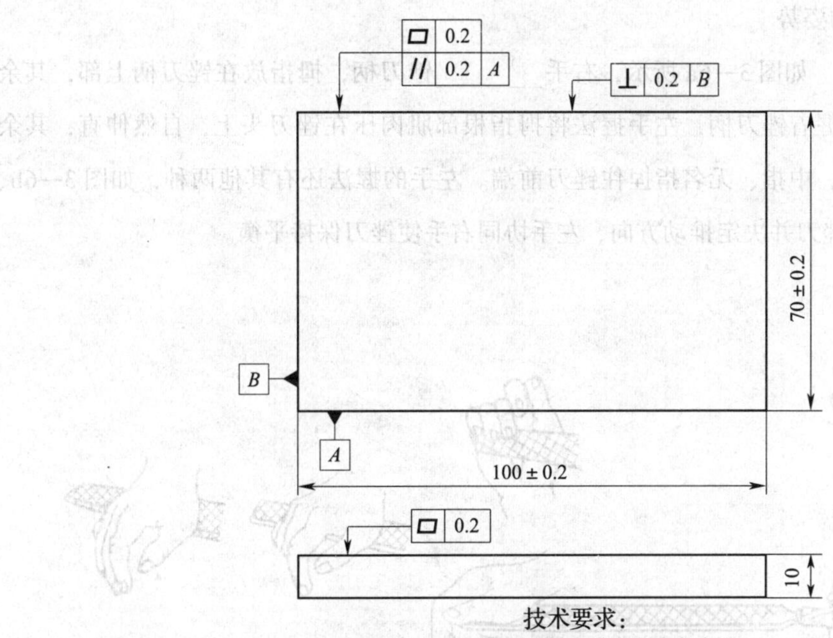

技术要求：
1. 尺寸10的最大尺寸与最小尺寸的差值不得大于0.2mm。
2. 表面粗糙度全部为$Ra1.6\mu m$。
3. 去毛刺。

图 3—5　上模板平面锉削

学习过程

一、锉削知识

1. 观察表 3—15 中的图片，分别写出图中的动作表示什么。

表 3—15　操作动作

图片	你的观察结果	图片	你的观察结果

2. 平面锉削的姿势

（1）锉刀握法。如图 3—6a 所示，右手________锉刀柄，拇指放在锉刀柄上部，其余四指____________握着锉刀柄，左手握法将拇指根部肌肉压在锉刀头上，自然伸直，其余四指________手心，中指、无名指捏住锉刀前端。左手的握法还有其他两种，如图 3—6b、c 所示，右手推动锉刀并决定推动方向，左手协同右手使锉刀保持平衡。

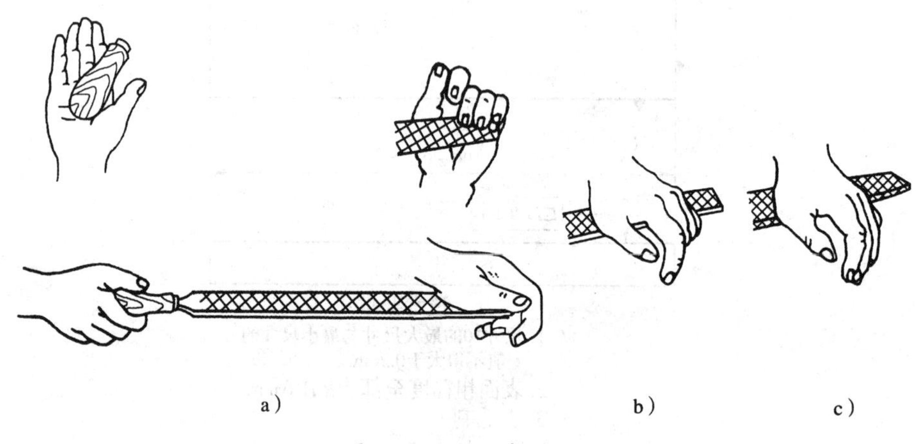

图 3—6 锉刀握法

（2）姿势动作。如图 3—7 所示，两手握锉刀放在工件上，右臂弯曲，小臂与工件锉削面保持平行，肩膀与台虎钳的水平线夹角为______。锉削时，身体先于锉刀并与之一起向前，右脚伸直并稍倾，重心落在左脚，左膝弯曲。左、右脚与台虎钳中心线夹角为______、______。

当锉刀锉到约 3/4 行程时，身体停止前进，两臂将锉刀锉到尽头，同时左脚伸直，重心后移，身体恢复原位，收回锉刀。

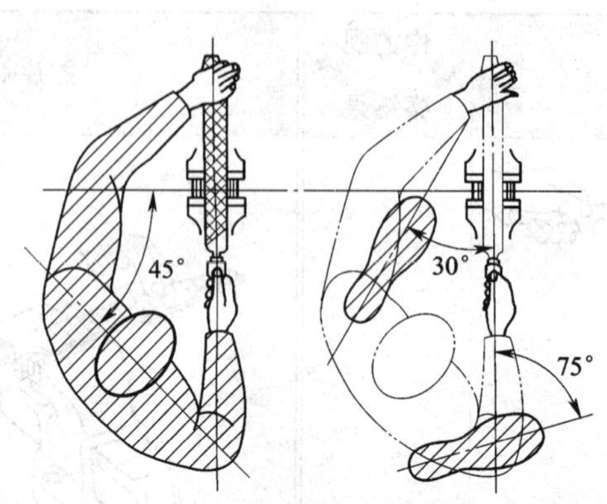

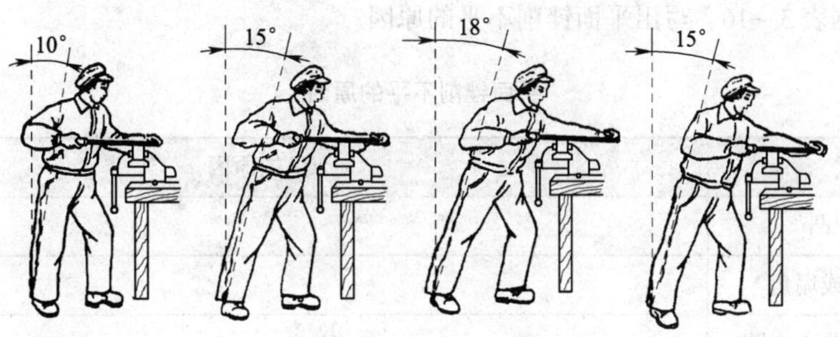

图 3—7　锉削站立姿势

（3）锉削时两手的用力和锉削速度。如图 3—8 所示，要锉出平直的平面，必须使锉刀保持直线的锉削运动，锉削时，右手的压力要随锉刀推动而________，左手的压力要随锉刀推动而________，回程时不加压力，以减小锉齿的磨损，锉削速度一般应在________左右，推出时稍慢，回程时稍快，动作要自然协调。

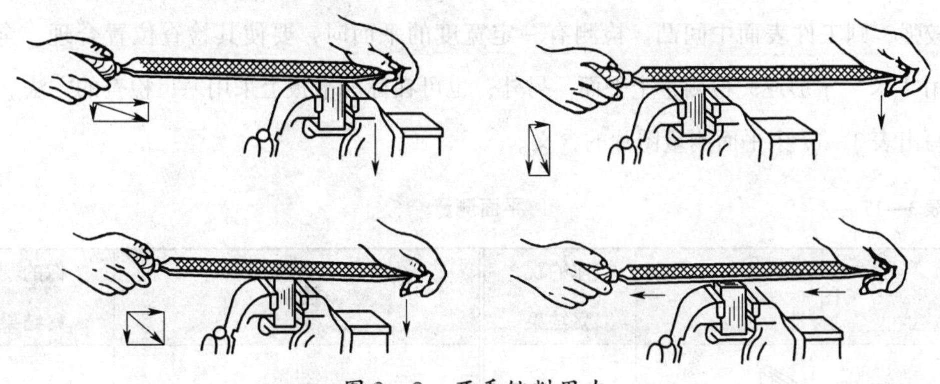

图 3—8　两手锉削用力

（4）平面的锉法。平面锉法可分为________________、________________、____________。根据图 3—9 所示，分别写出属于哪种锉削方法。

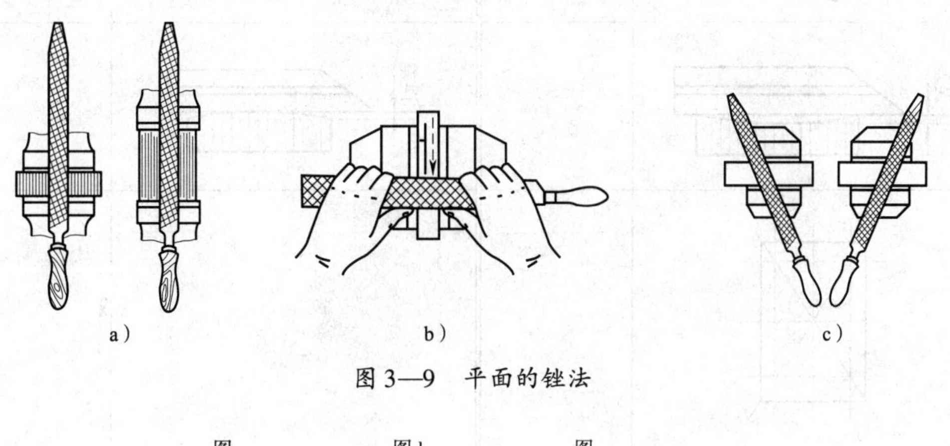

图 3—9　平面的锉法

图 a：________　图 b：________　图 c：________

（5）根据表 3—16，写出平面锉削不平的原因。

表 3—16 平面锉削不平的原因

形式	产生的原因
平面中凸	
对角扭曲或塌角	
平面横向中凸或中凹	

（6）平面锉削时常用的量具及使用方法

1）平面度的检测方法。锉削面的平面度通常采用刀口尺通过透光法来检查，在工件检测面上迎着亮光，观察刀口尺与工件表面间的缝隙，若有均匀、微弱的光线通过，则平面平直；若两端光线极微弱，中间光线很强，则工件表面中间凹；若中间光线极弱，两端处光线较强，则工件表面中间凸。检测有一定宽度的平面时，要使其检查位置合理、全面，常采用“米”字形逐一检测整个平面。另外，也可在标准平板上采用塞尺检查的方法。

写出表 3—17 中平面测量图片的含义。

表 3—17 平面测量

图片	你的观察结果	图片	你的观察结果
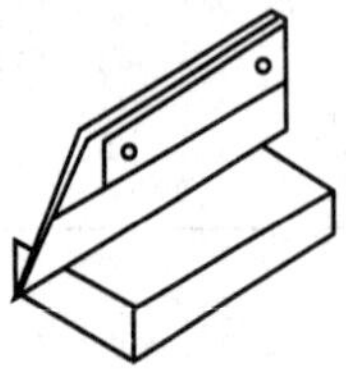		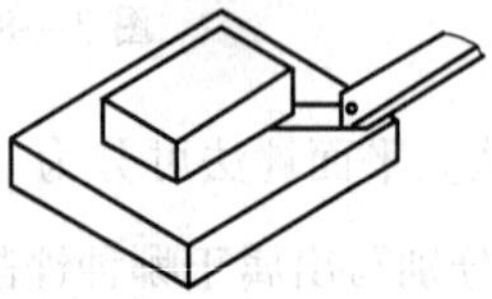	
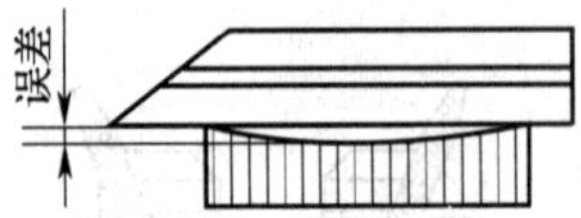 误差		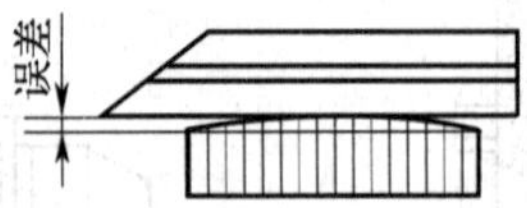 误差	
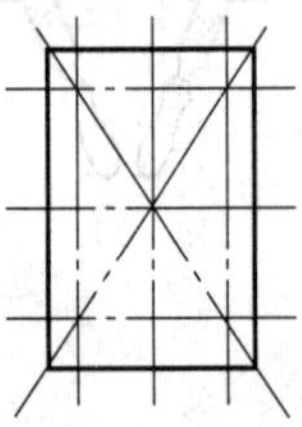			

2）垂直度的检测方法。测量垂直度前，先用锉刀将工件的锐边去毛刺、倒钝。测量时先将刀口直角尺尺座的测量面紧贴工件基准面，从上轻轻向下移动至刀口直角尺的测量面与工件被测面接触，眼睛平视观察其透光情况。检测时，刀口直角尺不可倾斜放置，否则得不到正确的测量结果。

写出表 3—18 中图片的含义。

表 3—18　操作动作

图片	你的观察结果	图片	你的观察结果
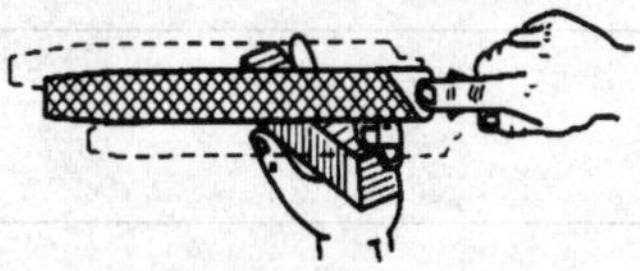		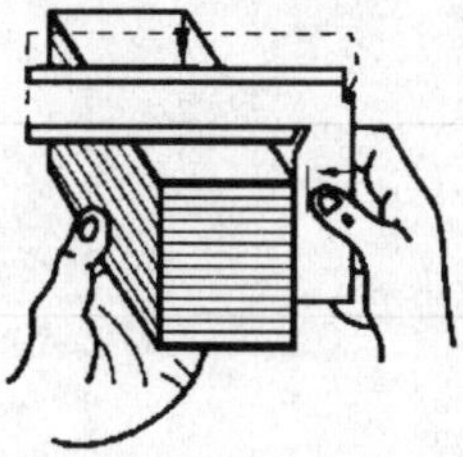	

写出表 3—19 中图片的测量方法哪个正确。

表 3—19　测量方法

图片	你的观察结果	图片	你的观察结果
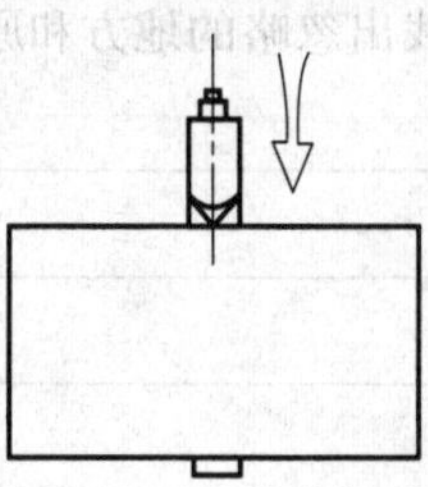		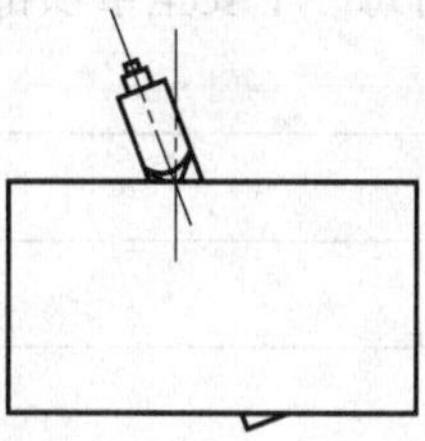	

二、上模板锉削

如图 3—5 所示，完成上模板锉削。在表 3—20 中写出上模板锉削工艺步骤。

表 3—20 上模板锉削工艺步骤

步骤	工步	工、量具
1	备料（105 mm×75 mm×10 mm）保证一组互相垂直的平面作为划线基准	
2		
3		
4		
5		
6		
7		
8		

三、评价与反馈

1. 在实施作业时每一个安全事项都注意到了吗？如果没有，找出忽略的地方和原因。

2. 填写评分表（见表3—21）。

表3—21 上模板锉削评分表

序号	考核内容	评分	评分标准	学生自评	小组互评	教师评价	小计
1	(70 ±0. 2) mm	10	超差不得分				
2	(100 ±0. 2) mm	10	超差不得分				
3	(10 ±0. 2) mm	10	超差不得分				
4	平面度0. 2 mm	12	超差一处扣2分				
5	平行度0. 2 mm	10	超差一处扣2. 5分				
6	垂直度0. 2 mm	10	超差一处扣5分				
7	表面粗糙度*Ra*1. 6 μm	8	超差一处扣2分				
8	锉削动作协调、自然	10	酌情扣分				
9	量具使用正确	10	酌情扣分				
10	锉削姿势完全正确	10	酌情扣分				
指导教师总体评价 教师签字： 年 月 日						得分	

学习活动4　上模板孔及螺纹加工

学习目标

1. 能够遵守安全操作规范，按章操作，并注重环保意识的养成。

2. 掌握钻孔方法，并能进行一般孔的钻削加工。

3. 懂得攻螺纹底孔直径的确定方法。

4. 懂得攻螺纹方法。

5. 做到安全和文明操作。

任务导入

如图3—10所示为上模板的孔和螺纹加工零件图，用来连接和固定其他模板，要求用手工操作的方式加工，按图样要求进行钻孔和攻螺纹，达到图样技术要求。

学习准备

1. 计算机（联网）、扩音机、多媒体、黑板、张贴板。

2.《模具钳工工艺与技能训练》教材，上模板孔及螺纹加工图样。

3. 锉刀、钻头、丝锥、铰杠、划线平板、划针、游标高度尺、游标卡尺、千分尺、刀口直角尺、钢直尺、蓝油。

建议学时

10学时

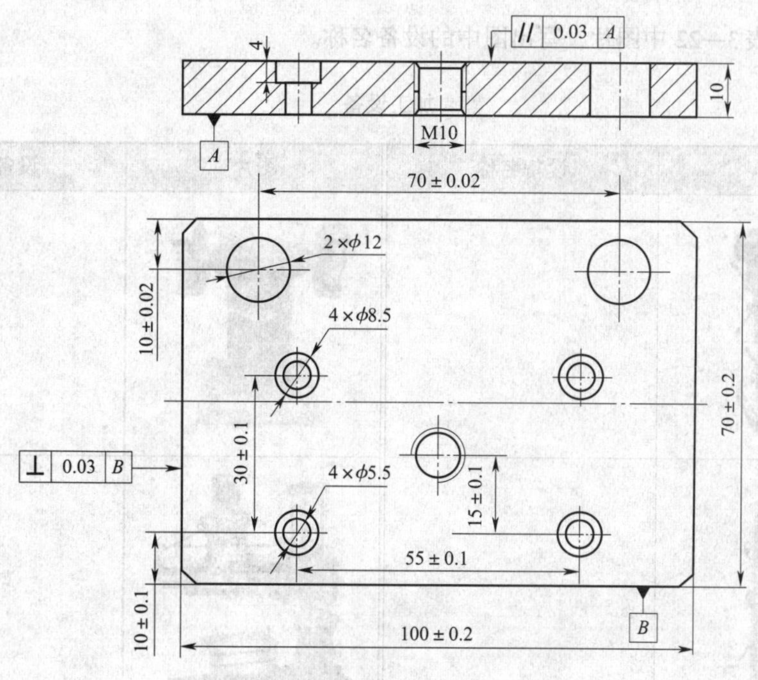

图 3—10　孔及螺纹加工

学习过程

一、钻床及钻孔工艺

用钻头在实体材料上加工孔的方法，称为钻孔。

钻削运动：工件固定，钻头安装在钻床主轴上做旋转运动称为主运动，钻头沿轴线方向移动称为进给运动，如图 3—11 所示。

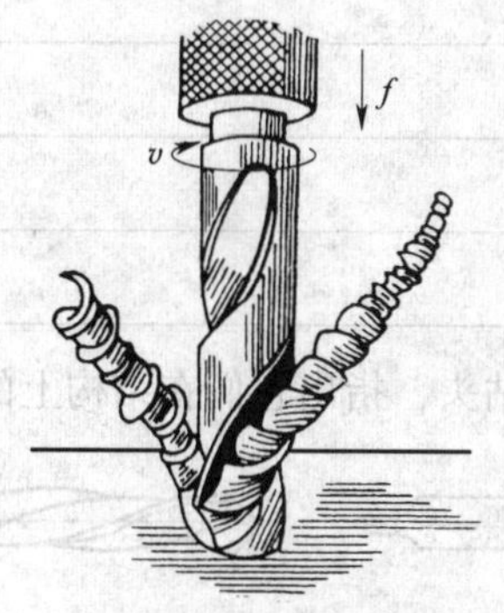

v—主运动　f—进给运动

图 3—11　钻削运动

1．观察表 3—22 中图片，写出图中的设备名称。

表 3—22　　加工设备

图片	设备名称	图片	设备名称

2．说出钻削加工的特点及钻削常用工具。

（1）钻削加工特点：

（2）钻削常用工具：

3．如图 3—12 所示两种常用钻头，指出它们在结构上的区别。

a）　　b）

图 3—12　麻花钻

a 图：____

____

____

b 图：____

____

____

4. 查阅相关资料，结合图 3—13 所示，填写以下内容。

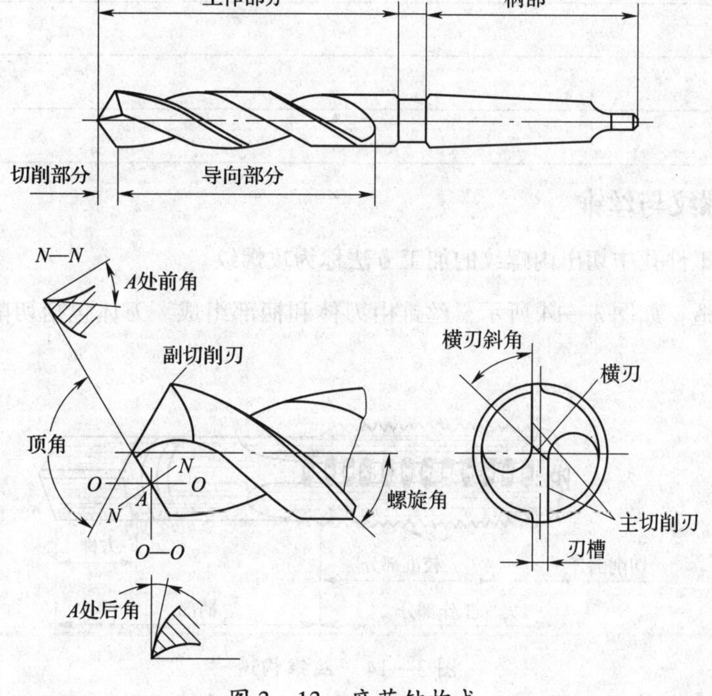

图 3—13　麻花钻构成

（1）标准麻花钻由________、________和工作部分（其中包括导向部分和切削部分）三大部分组成。

（2）颈部是________和工作部分的连接部分，也是磨削钻头时供砂轮退刀用的，钻头本身的直径、材料和商标等也刻印在颈部。

（3）导向部分用来保持麻花钻工作时的正确方向，在钻头重新刃磨时，导向部分逐渐变为切削部分而投入工作。导向部分有两条对称的__________，作用是________，便于切削液的输入。导向部分有两条棱带，它的直径略有倒锥，这样既可以引导钻头切削时的方向，又可以减少钻头与孔壁的摩擦。

(4) 切削部分由__________刃____面组成，分别为：____。

(5) 图 3—13 中有哪些角度？它们分别对钻削加工有什么影响？

____

二、攻螺纹与丝锥

用丝锥在工件孔中切出内螺纹的加工方法称为攻螺纹。

丝锥的构造：如图 3—14 所示，丝锥由刀体和柄部组成。刀体包括切削部分和校准部分。

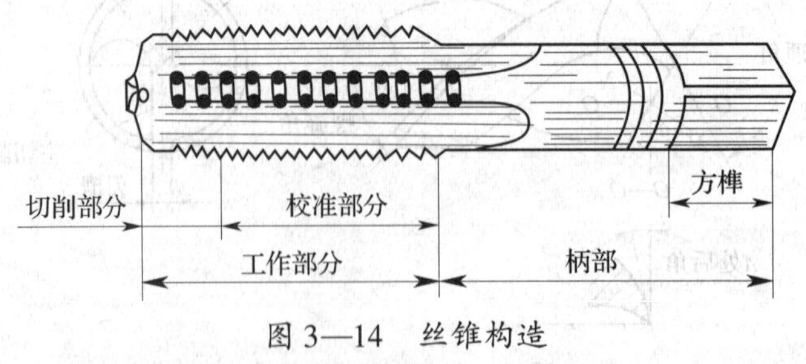

图 3—14 丝锥构造

普通螺纹底孔直径的经验计算公式：

铸铁和塑性较小材料 $D_{底} = D - 1.05P$

钢和塑性较大材料 $D_{底} = D - P$

式中 $D_{底}$——底孔直径，mm；

D——螺纹大径，mm；

P——螺距，mm。

不通孔螺纹的钻孔深度：

$$H_{钻} = h + 0.7D$$

式中　$H_{钻}$——钻孔深度，mm；

h——需要的螺纹深度，mm；

D——螺纹大径，mm。

1．查阅资料，指出图 3—15 中哪个是头锥哪个是二锥？

a）　　b）

图 3—15　常用丝锥

2．分别在钢和铸铁上加工 M10 螺纹时的底孔直径各为多少？M10 螺距为 1.5 mm。

____。

3．若攻不通孔螺纹，其螺纹有效深度为 60 mm，求底孔深度为多少？

____。

三、攻螺纹方法

用头锥起攻，起攻时，可用一手掌按住铰杠中部，沿丝锥轴线用力加压，另一只手配合做顺时针旋进，如图 3—16a 所示；或两手握住铰杠两端均匀施加压力，并将丝锥顺时针旋进，如图 3—16b 所示。应保证丝锥中心线与孔中心线重合，不使其歪斜，在丝锥攻入 1 ~ 2圈后，应及时从前后、左右两个方向用直角尺进行检查，如图 3—17 所示，并不断校正至要求。

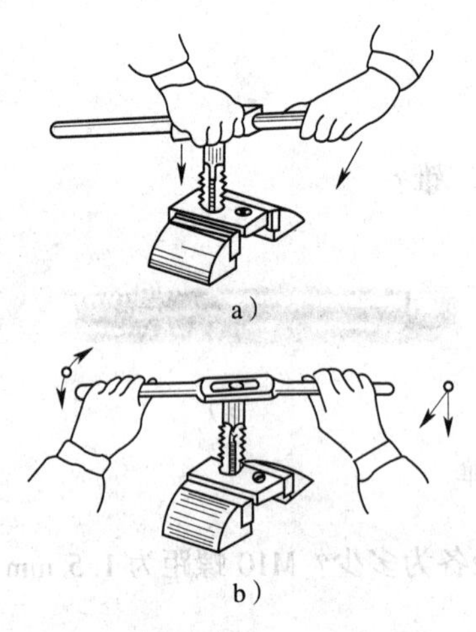

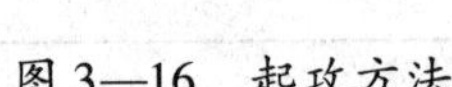
图 3—16 起攻方法

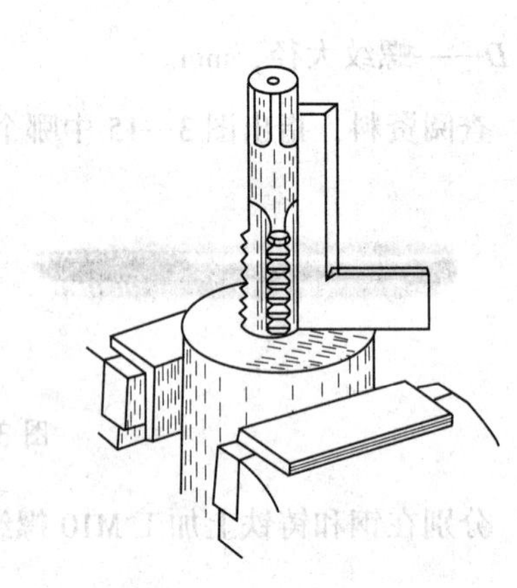
图 3—17 检查攻螺纹垂直度

1. 查阅资料，说明在攻螺纹时为什么要倒转。

____

____

____

____

____

____

2. 观察表 3—23 中图片，写出图中所示属于孔加工的哪项加工方法。

表 3—23　　孔加工

图片	孔加工的名称	图片	孔加工的名称

续表

图片	孔加工的名称	图片	孔加工的名称
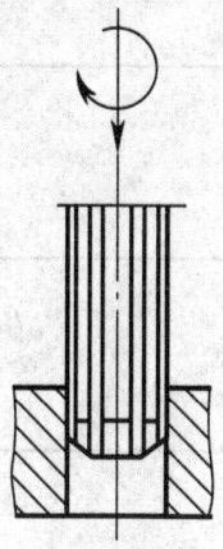		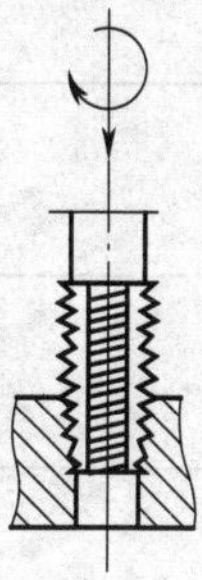	
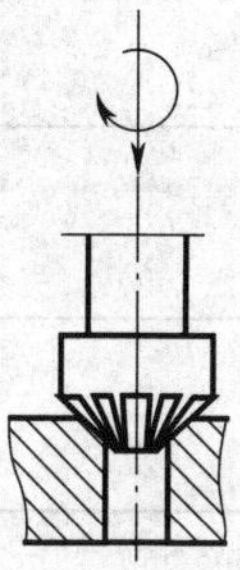		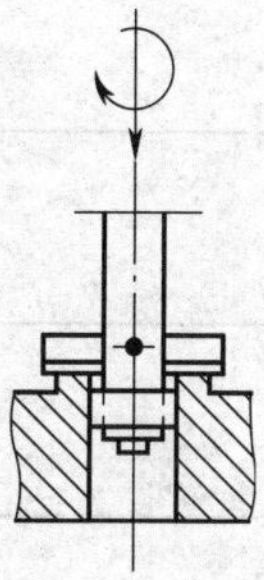	

四、上模板孔及螺纹加工

如图3—10所示，完成上模板孔及螺纹加工，写出表3—24中上模板孔及螺纹加工工艺步骤。

表3—24　　上模板孔及螺纹加工工艺步骤

步骤	工步	工、量具
1	备料（100 mm×70 mm×10 mm）保证一组互相垂直的平面作为划线基准	
2		
3		
4		

续表

步骤	工步	工、量具
5		
6		
7		
8		
9		
10		
11		
12		

五、评价与反馈

1. 在实施作业时每一个安全事项都注意到了吗？如果没有，找出忽略的地方和原因。

2. 填写评分表（见表3—25）。

表3—25　　上模板孔及螺纹加工评分表

序号	考核内容	评分	评分标准	学生自评	小组互评	教师评价	小计
1	（55 ±0.1）mm	20	超差0.02扣1分				
2	（70 ±0.02）mm	20	超差0.02扣1分				
3	（10 ±0.1）mm	10	超差0.02扣1分				
4	（15 ±0.1）mm	10	超差0.02扣1分				
5	M10螺纹表面完整	10	酌情扣分				
6	能说出标准麻花钻的结构	10	酌情扣分				
7	能进行钻床维护和保养	10	酌情扣分				
8	能安全操作钻床，完成钻孔加工	10	酌情扣分				
指导教师总体评价 教师签字：　　年　月　日						得分	

学习活动5　下模板手工制作

学习目标

1. 能够遵守安全操作规范，按章操作，并注重环保意识的养成。

2. 能根据加工材料、加工条件选用锉刀，并能正确安装、使用锉削工具去除多余材料。

3. 能根据加工要求合理选择麻花钻，并能安全操作钻床，完成孔加工。

4. 能正确使用游标卡尺、刀口尺和刀口直角尺对加工零件进行检测。

5. 做到安全和文明操作。

任务导入

如图3—18所示为下模板，下模板用于安装导柱和凹模，要求用手工操作的方式加工，达到图样技术要求。

学习准备

1. 计算机（联网）、扩音机、多媒体、黑板、张贴板。

2.《模具钳工工艺与技能训练》教材，下模板图样。

3. 锉刀、钻头、丝锥、铰杠、划线平板、划针、游标高度尺、游标卡尺、千分尺、刀口直角尺、钢直尺、蓝油。

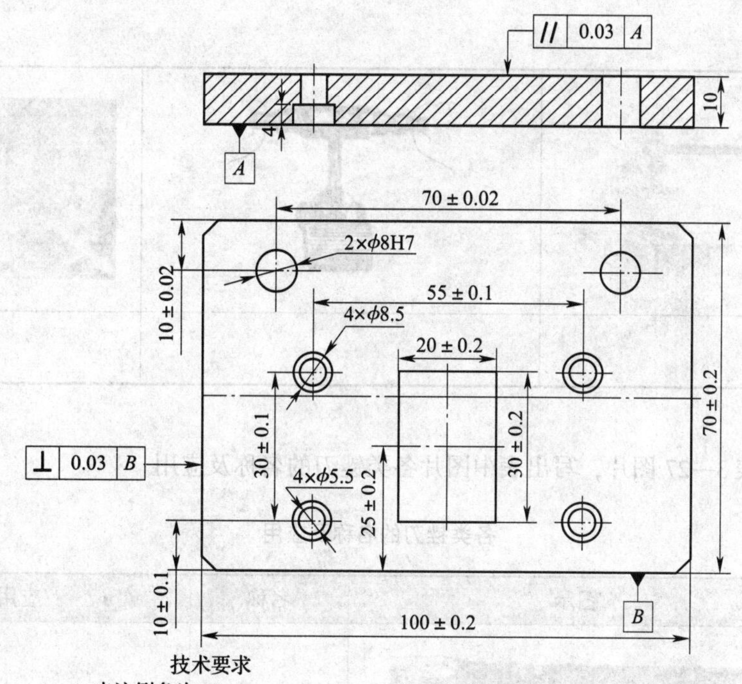

技术要求

1. 未注倒角为$C2$。
2. 未注表面粗糙度为$Ra1.6\mu m$。
3. 去毛刺。

图 3—18　下模板

建议学时

12 学时

学习过程

一、制作下模板相关知识

1．观察表 3—26 图片，说出表中图片是钳工中的哪项工作。

表 3—26　　　　　　　　　　　钳工操作

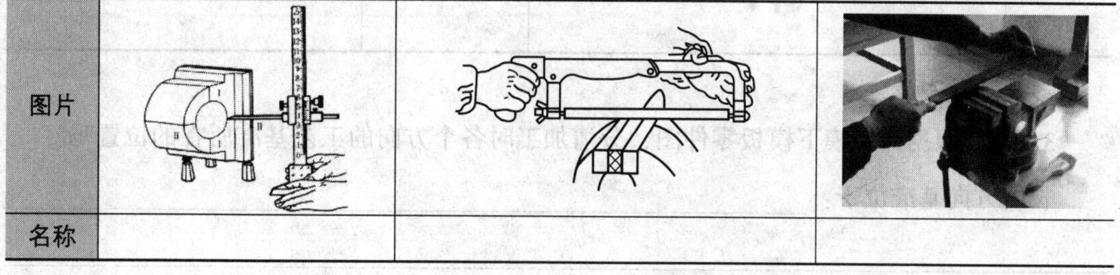

图片			
名称			

续表

图片			
名称			

2. 观察表 3—27 图片，写出表中图片各类锉刀的名称及应用。

表 3—27　　各类锉刀的名称及应用

序号	图示	名称	应用
1			
2			
3			
4			
5			

3. 你能根据冲压模下模板零件图，分清加工时各个方向的工艺基准所在的位置吗？

长度方向基准位于：________________________________

____

宽度方向基准位于：____

____

高度方向基准位于：____

____

4.（70±0.02）mm 是加工尺寸，表示该尺寸允许的加工公差范围为__________。

5. 查阅相关资料，了解尺寸公差的概念，并分析加工尺寸（70±0.02）mm。基本尺寸______mm、上偏差______mm、下偏差______mm、最大极限尺寸________mm、最小极限尺寸______mm 及公差______mm。

6. 查阅相关资料，了解形位公差的概念，说出图样中相关标注所表示的含义。

| ⊥ | 0.03 | B | ____

| // | 0.03 | A | ____

7. ϕ8H7 代表什么含义？

____

____

8. 在图 3—19 中，游标卡尺检测工件的方法是否正确？

a）　　　　　　　　　　b）

图 3—19　用游标卡尺检测工件

图 a：________　　图 b：________

9. "6S" 管理包括__________、__________、__________、__________、__________、和__________六个要素。

二、下模板手工制作

如图 3—18 所示，完成下模板制作，写出表 3—28 中下模板手工制作加工工艺步骤。

表 3—28　　　　　　　　　　下模板手工制作加工工艺步骤

步骤	工步	工、量具
1	备料（105 mm × 75 mm × 10 mm）保证一组互相垂直的平面作为划线基准	

三、评价与反馈

1. 在实施作业时每一个安全事项都注意到了吗？如果没有，找出忽略的地方和原因。

2. 填写评分表（见表3—29）。

表3—29 下模板制作评分表

序号	考核内容	评分	评分标准	学生自评	小组互评	教师评价	小计
1	尺寸要求（100 ± 0.2）mm	20	超差0.02扣1分				
2	尺寸要求（70 ± 0.02）mm	20	超差0.02扣1分				
3	尺寸要求（10 ± 0.1）mm	10	超差0.02扣1分				
4	平行度0.03mm	10	超差0.02扣1分				
5	表面粗糙度 Ra1.6 μm（4面）符合要求	12	超差一处扣2分				
6	棱角倒角符合要求	8	酌情扣分				
7	能对量具进行维护和保养	10	酌情扣分				
8	能安全操作钻床，完成钻孔加工	10	酌情扣分				
指导教师总体评价 教师签字： 年 月 日					得分		

拓展任务　卸料板手工制作

如图 3—20 所示为卸料板零件图，卸料板在冷冲模中起到卸料作用，是冲压模模板类零件。要求用手工按图样制作卸料板，并达到技术要求。

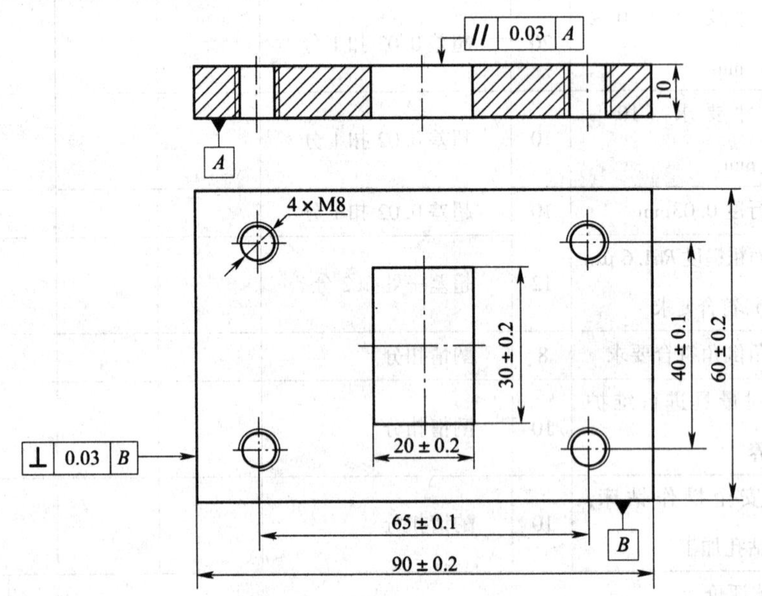

技术要求

1. 未注倒角为C2。
2. 未注表面粗糙度为Ra1.6μm。
3. 去毛刺。

图 3—20　卸料板零件图

任务四　錾口榔头手工制作

学习目标

1. 能识读錾口榔头的零件图，并表述出零件的形状、尺寸、表面粗糙度、公差等信息。

2. 能规范使用钻床对孔进行加工，并能正确保养钻床。

3. 能在教师指导下使用手锯按照划线轨迹对圆料、方料进行锯割下料。

4. 能依据工艺卡按技术要求，正确选择锉刀进行锉削錾口榔头。

5. 能认知热处理的原理与基本方法，并对錾口榔头进行淬火处理。

6. 能根据现场管理规范，清理场地、归置物品，并按照国家环保要求和企业要求处理废物。

工作情景描述

佛山某五金设备厂需要制作一批錾口榔头，工厂钳装车间主任接到生产任务，初步了解了情况，承诺交付时间，车间主任将任务交给小王，要求在规定时间内，对这批錾口榔头完成加工制作。如果你是小王，请根据工作要求完成本任务。

建议学时

52 学时

工作过程与活动

学习活动 1　錾口榔头型面锯削（20 学时）

学习活动2　錾口榔头腰孔加工（20学时）

学习活动3　錾口榔头曲面锉削（12学时）

拓展任务　錾口榔头表面热处理

学习活动1　錾口榔头型面锯削

学习目标

1. 能够遵守安全操作规范，按章操作，并注重环保意识的养成。

2. 能按图样要求锯削型面。

3. 能正确锯削，并能达到一定的锯削精度。

4. 能分析锯条折断和锯缝产生歪斜的原因，并找到防止方法。

任务导入

如图4—1所示为錾口榔头的基本型面图，要求用手工操作的方式加工，将圆棒料进行锯削，达到图样技术要求。

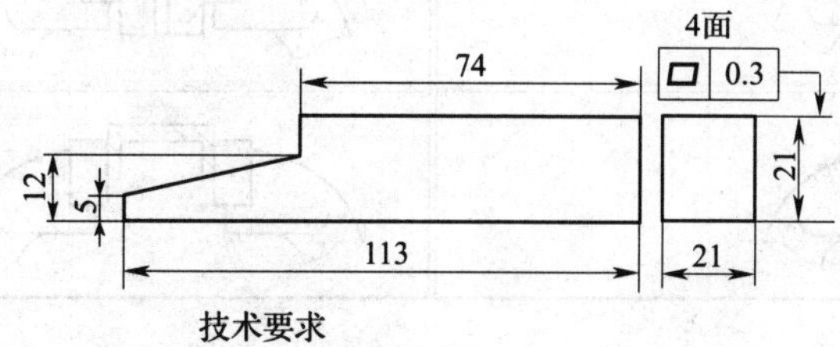

图4—1　錾口榔头的基本型面

学习准备

1. 计算机（联网）、扩音机、多媒体、黑板、张贴板。

2. 《模具钳工工艺与技能训练》教材、錾口榔头的基本型面图样。

3. 锯片、锯弓、划线平板、划针、游标高度尺、游标卡尺、钢直尺、蓝油。

建议学时

20 学时

学习过程

一、型面锯削的类型

型面锯削有很多种，如棒料锯削、管子锯削、薄板料锯削、深缝锯削等。

1. 写出下列锯削的类型（见表 4—1）。

表 4—1　　　　　　　　　　　　型面锯削

图示	名称	图示	名称

2. 如图 4—2 所示，分别指出图 4—2a、b、c、d 正在加工哪个型面。

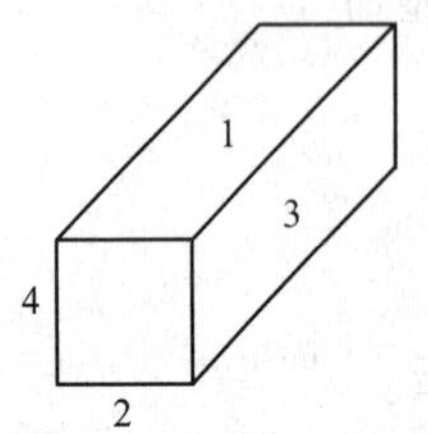

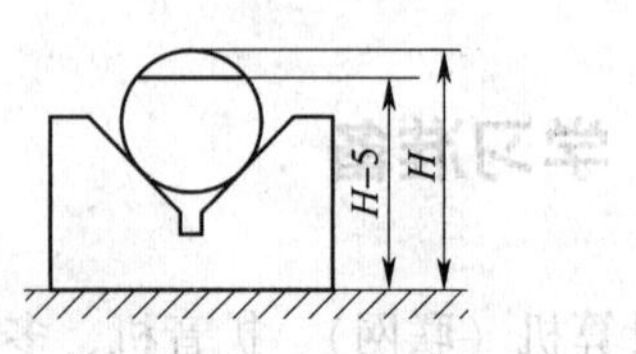

a）

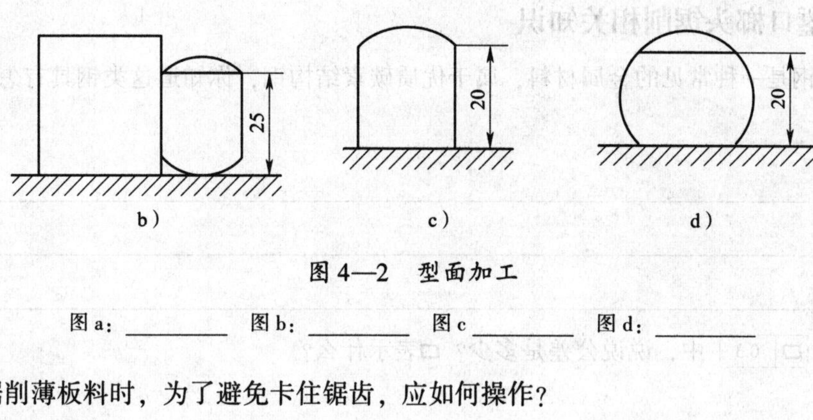

图 4—2　型面加工

图 a：________　图 b：________　图 c ________　图 d：________

3. 锯削薄板料时，为了避免卡住锯齿，应如何操作？

二、斜面锯削

斜面锯削动作与一般的锯削是一样的，但要注意斜面锯削时工件的装夹方法，锯削时，锯削线应与台虎钳的端面保持平行。

1. 如图 4—3 所示，分别指出锯削斜面时，工件的装夹方法哪个正确。

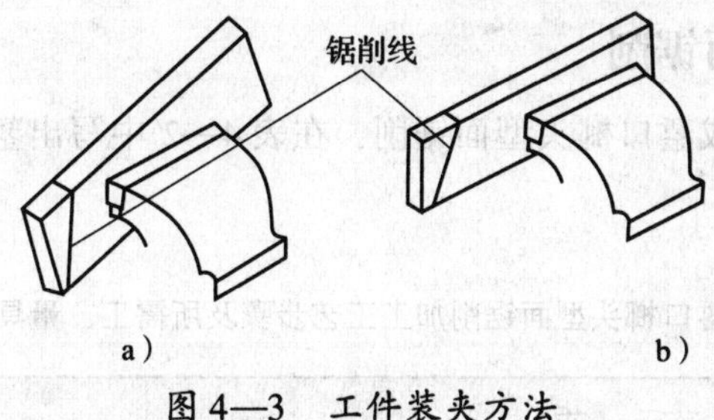

图 4—3　工件装夹方法

2. 谈一谈斜面锯削与平面锯削有何不同？

三、錾口榔头锯削相关知识

1. 45 钢是一种常见的金属材料，属于优质碳素结构钢，你知道这类钢具有怎样的特性和用途吗？

2. 在 |⏥|0.3| 中，说说公差是多少？⏥表示什么？

3. 如图 4—1 所示，谈一谈如何划出錾口榔头的基本型面斜线。

四、錾口榔头型面锯削

如图 4—1 所示，完成錾口榔头型面锯削，在表 4—2 中写出錾口榔头型面锯削加工工艺步骤。

表 4—2　　錾口榔头型面锯削加工工艺步骤及所需工、量具

步骤	工步	工、量具
1	备 $\phi32$ mm × 113 mm 的圆棒料	

五、评价与反馈

1. 在实施作业时每一个安全事项都注意到了吗？如果没有，找出忽略的地方和原因。

____

____

____

____

____

2. 填写评分表（见表4—3）。

表4—3　　　　錾口榔头型面锯削评分表

序号	考核内容	评分	评分标准	学生自评	小组互评	教师评价	小计
1	正确锯削型面	20	每错一处扣3分				
2	斜面锯削的装夹方法	20	每错一处扣3分				
3	錾口榔头基本型面的锯削	20	每错一处扣3分				
4	锯削尺寸达到图样要求	20	超差不得分				
5	锯削断面纹路整齐	10	酌情扣分				
6	锯削姿势完全正确	5	酌情扣分				
7	外形无损伤	5	酌情扣分				
8	锯条使用	每折断一根扣3分					
9	安全文明生产	违者每次扣3分					
指导教师总体评价 教师签字：　　　　年　月　日						得分	

学习活动 2　錾口榔头腰孔加工

学习目标

1. 能够遵守安全操作规范，按章操作，并注重环保意识的养成。
2. 能按图样要求划线。
3. 能根据加工要求合理选择麻花钻。
4. 能安全操作钻床，完成钻孔加工。
5. 能使用锉刀完成腰孔的加工。

任务导入

如图 4—4 所示为錾口榔头腰孔加工图，腰孔是安装手锤木柄之用，要求用钻孔和手工锉削的操作方式加工，达到图样技术要求。

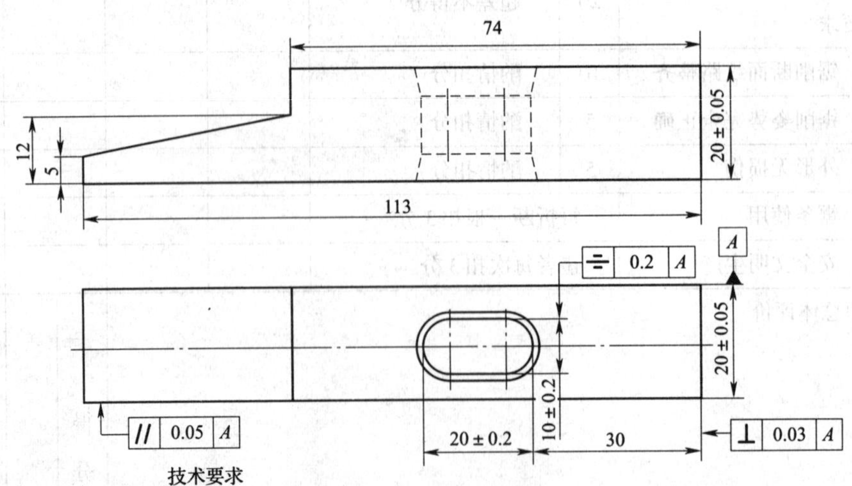

图 4—4　錾口榔头腰孔加工

学习准备

1. 计算机（联网）、扩音机、多媒体、黑板、张贴板。

2.《模具钳工工艺与技能训练》教材，錾口榔头腰孔加工图样。

3. 锯片、锯弓、平面锉刀、圆锉刀、半圆锉刀、样冲、钻头、划线平板、划针、游标高度尺、游标卡尺、钢直尺、刀口直角尺、蓝油。

建议学时

20 学时

学习过程

一、腰孔划线及钻孔

腰孔划线时，用样冲打中心点要正，且不宜过大，圆规使用要合理，量取尺寸要准确，注意弧线与直线要圆滑过渡连接。去除腰孔多余的料时，要选择好钻头钻孔，选择合理，去腰孔的余料就简单多了。如图 4—4 所示的腰孔尺寸，选用 ϕ9 mm 钻头来钻孔去除余料就比较合理。

1. 如图 4—5 所示，哪个样冲眼是正确的？若不正确对钻孔加工有何影响？

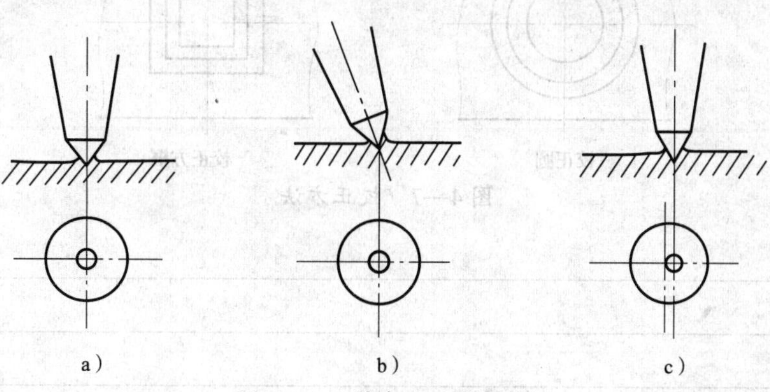

图 4—5 样冲使用的方法

图 a：________________________________

____

图 b：________________________________

____

图 c：____

____

2. 如图 4—6 所示的台钻为钳工常用的设备，写出台钻各结构的名称，并说出它们的功能。

1—______________________

2—______________________

3—______________________

4—______________________

5—______________________

6—______________________

7—______________________

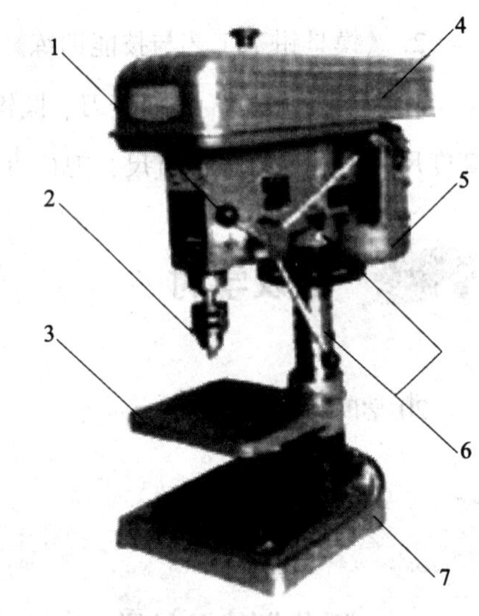

图 4—6 台钻

3. 钻孔时，为什么要在工件上划出如图 4—7 所示的校正圆或校正方框？

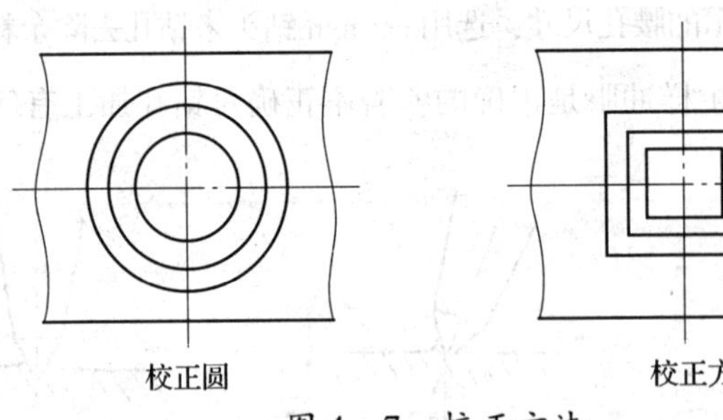

图 4—7 校正方法

____

____

____

4. 结合实际，谈一谈如何对钻床进行维护保养？

____

____

____

____

二、腰孔加工相关知识

用钻头钻孔去除腰孔的余料时，要求钻孔位置正确，钻孔孔径没有明显扩大，以免造成加工余量不足，影响腰孔的正确加工。锉削腰孔时，应先锉两侧平面，后锉两端圆弧面。在锉平面时要注意控制好锉刀的横向移动，防止锉坏两端孔面。

1. 结合图 4—4，写出腰孔加工尺寸及形位公差要求。

____

____

____

____

2. 结合实际，写出加工腰孔时应注意的问题。

____

____

____

____

____

三、錾口榔头腰孔加工

如图 4—4 所示，完成錾口榔头腰孔加工，在表 4—4 中写出錾口榔头腰孔加工工艺步骤。

表 4—4　　錾口榔头腰孔加工工艺步骤及所需工、量具

步骤	工步	工、量具
1	备錾口榔头基本型面工件	

四、评价与反馈

1. 在实施作业时每一个安全事项都注意到了吗？如果没有，找出忽略的地方和原因。

2. 填写评分表（见表4—5）。

表4—5　　錾口榔头腰孔加工评分表

序号	考核内容	评分	评分标准	学生自评	小组互评	教师评价	小计
1	尺寸要求（20 ± 0.05）mm	20	超差不得分				
2	尺寸要求（20 ± 0.2）mm	10	超差不得分				
3	尺寸要求（10 ± 0.2）mm	10	超差不得分				
4	对称度 0.2 mm	20	超差1处扣3分				
5	平行度 0.05 mm（2处）	10	超差一处扣3分				
6	垂直度 0.03 mm（4处）	20	超差一处扣3分				
7	表面粗糙度 $Ra3.2$ μm	10	超差一处扣2分				
8	文明生产与安全操作	违者每次扣2分					
指导教师总体评价 教师签字：　　　　年　月　日						得分	

学习活动3　錾口榔头曲面锉削

学习目标

1. 能够遵守安全操作规范，按章操作，并注重环保意识的养成。

2. 能按图样要求划线。

3. 会曲面锉削和精度检验的方法。

4. 能根据工件的不同几何形状和要求，正确选用锉刀。

任务导入

如图4—8所示为錾口榔头图，其圆弧处是本任务要加工的曲面，要求用手工操作的方式按图样加工，达到技术要求。

学习准备

1. 计算机（联网）、扩音机、多媒体、黑板、张贴板。

2.《模具钳工工艺与技能训练》教材，錾口榔头图样。

3. 锯片、锯弓、平面锉刀、圆锉刀、半圆锉刀、划线平板、划针、划规、R规、样冲、游标高度尺、游标卡尺、钢直尺、蓝油。

建议学时

12学时

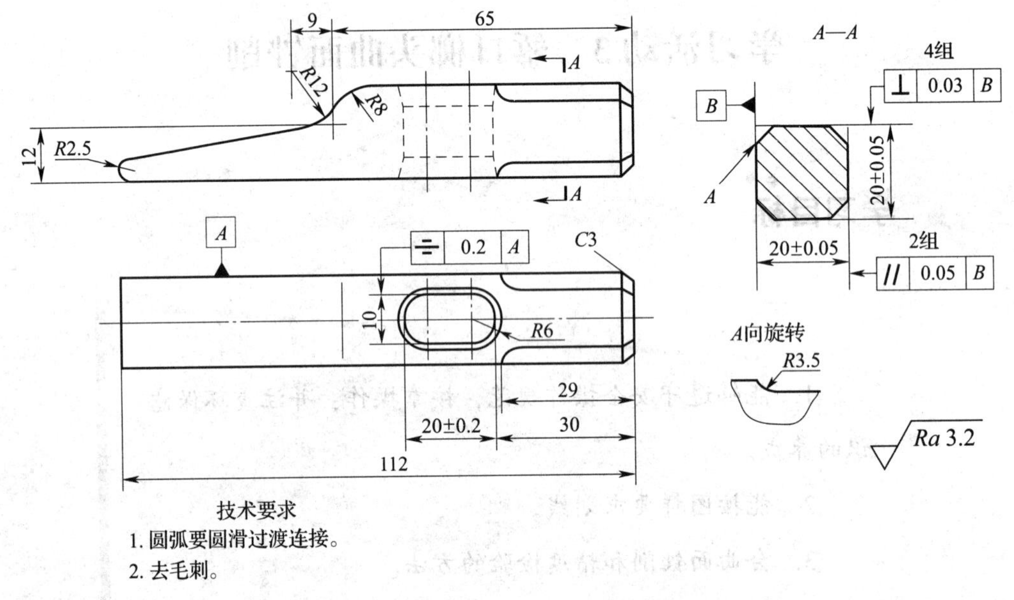

图 4—8 錾口榔头

学习过程

一、曲面锉削方法

锉削外圆弧面所用的锉刀一般都为板锉，锉削时锉刀同时完成两个运动，前进运动和锉刀绕工件圆弧中心的转动，方法有以下两种。

顺着圆弧面锉：锉削时，锉刀向前，右手下压，左手随着上提。这种方法适用于精锉圆弧面或对圆弧面进行修整。

对着圆弧面锉：锉削时，锉刀做直线运动，并不断地随圆弧摆动。这种方法适用于圆弧面的粗加工。当锉削量较大时，一般是先划好圆弧的界线，然后再进行锉削。

锉削内圆弧面的锉刀可选用圆锉或掏锉（圆弧半径较小时）、半圆锉、方锉（圆弧半径较大时）。锉削时锉刀要同时完成三个运动，前进运动、随圆弧面向左或向右移动、绕锉刀中心线转动。

1．根据图 4—8，回答下列问题。

（1）所有圆弧的尺寸为多少？

____

____

（2）图中标注 C3 是什么含义？

____

____

2. 曲面可以由各种不同的曲线型面组成，它可以分为__________曲面和__________曲面。

3. 如图 4—9 所示，分别属于哪种曲面。

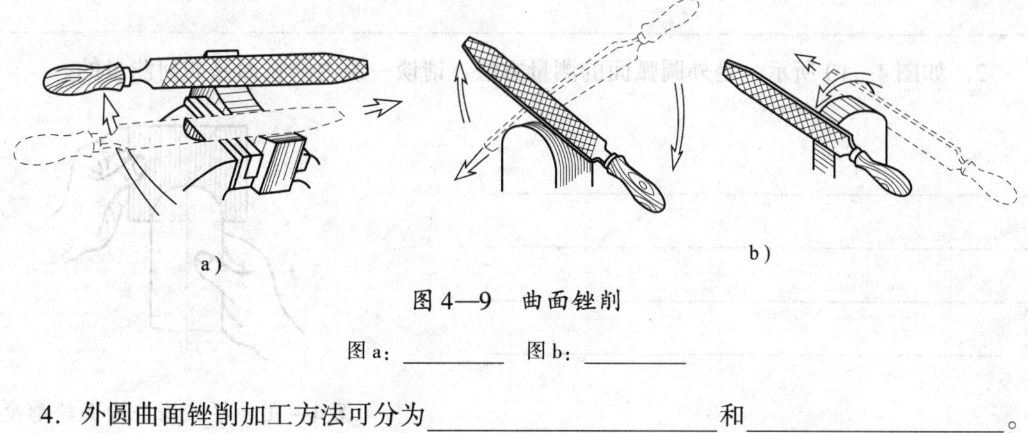

图 4—9 曲面锉削

图 a：__________ 图 b：__________

4. 外圆曲面锉削加工方法可分为______________________和______________________。

5. 外圆曲面锉削和内圆曲面锉削加工用什么工具？

____

____

____

6. 完成表 4—6 内容。

表 4—6 锉削动作的优缺点及适用范围

图示	锉削动作	优点	缺点	适用范围
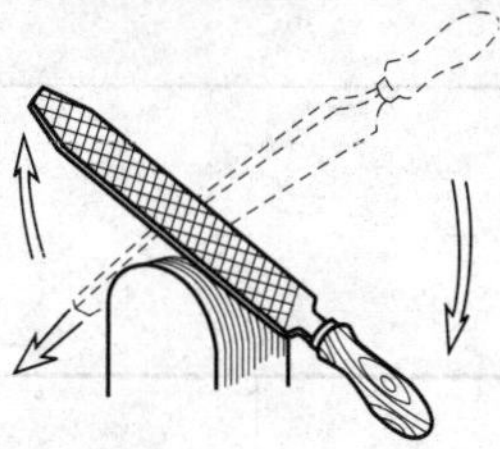				
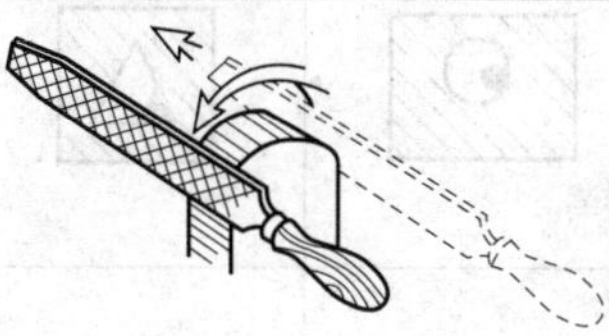				

二、曲面轮廓度检查方法

在进行曲面锉削练习时，曲面轮廓度精度可用 R 规和曲面样板通过塞尺或透光法进行检查。

1．查阅资料，写出 R 规有几种规格。

2．如图 4—10 所示，是外圆弧面的测量方法，请谈一谈内圆弧面是如何测量的。

图 4—10　样板检查曲面轮廓度

三、锉刀选用

合理选用锉刀，对保证加工质量、提高工作效率和延长锉刀寿命有很大的影响。一般选用原则是：根据工件形状和加工面的大小选择锉刀的形状和规格。根据材料软硬、加工余量、精度和表面粗糙度的要求选择锉刀齿纹的粗细。

1．查阅资料，写出普通锉刀按其截面形状可分为哪几种。

2．根据表 4—7，正确写出锉刀的种类。

表 4—7　锉刀的种类

图示	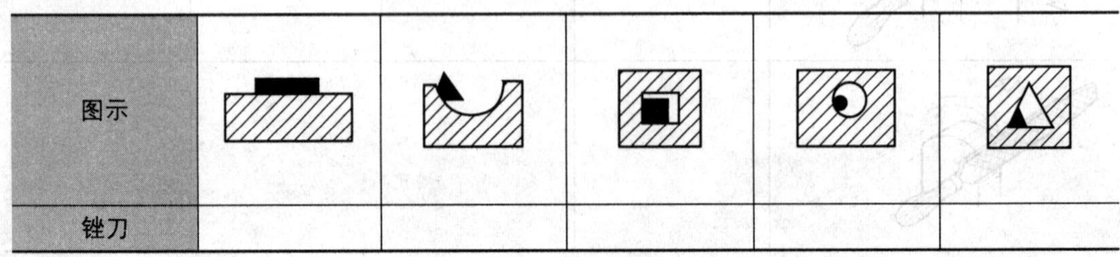				
锉刀					

四、錾口榔头曲面锉削

如图 4—8 所示，完成錾口榔头曲面锉削加工，在表 4—8 中写出錾口榔头曲面锉削加工工艺步骤。

表 4—8　　錾口榔头曲面锉削加工工艺步骤及所需工、量具

步骤	工步	工、量具
1	备錾口榔头半成品	

五、评价与反馈

1. 在实施作业时每一个安全事项都注意到了吗？如果没有，找出忽略的地方和原因。

2. 填写评分表（见表4—9）。

表4—9 錾口榔头曲面锉削加工评分表

序号	考核内容	评分	评分标准	学生自评	小组互评	教师评价	小计
1	尺寸要求 *R*12 mm	10	超差一处扣2分				
2	尺寸要求 *R*8 mm	10	超差一处扣2分				
3	尺寸要求 *R*3. 5 mm	10	超差一处扣2分				
4	尺寸要求 *R*2. 5 mm	10	超差一处扣2分				
5	圆弧与平面连接圆滑	15	超差一处扣2分				
6	圆弧表面粗糙度 *Ra*3. 2 μm（3处）	10	超差一处扣2分				
7	圆弧锉削动作正确	20	酌情扣分				
8	正确选用锉刀	15	酌情扣分				
9	文明生产与安全操作	违者每次扣2分					
指导教师总体评价 教师签字： 年 月 日						得分	

拓展任务　錾口榔头表面热处理

热处理工序的作用及注意事项如下：淬火的目的是提高硬度和耐磨性。为减少表面氧化、脱碳，加热时要在炉内放入少许木炭。冷却时，手持钳子夹持锤头入水并不断在水中摆动，以保证硬度均匀。低温回火用于减少淬火产生的内应力、增加韧性、降低脆性，达到硬度要求，如图 4—11 所示。

如图 4—12 所示，进行錾口榔头热处理。热处理方法为淬火后低温回火。材料：45 钢。要求：錾口榔头要求高硬度、耐磨损、抗冲击，热处理后硬度为 42～47HRC。

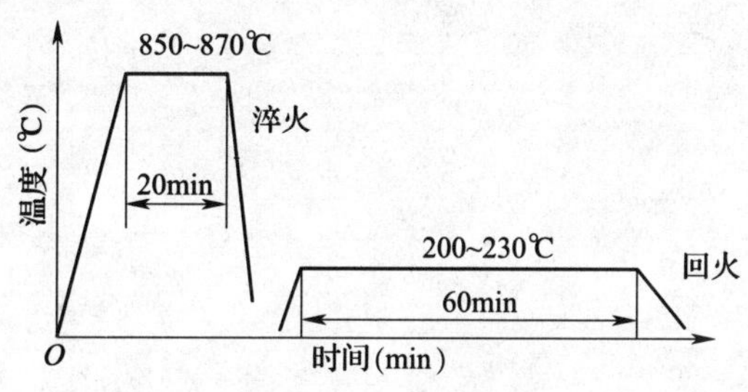

图 4—11　錾口榔头热处理工艺曲线

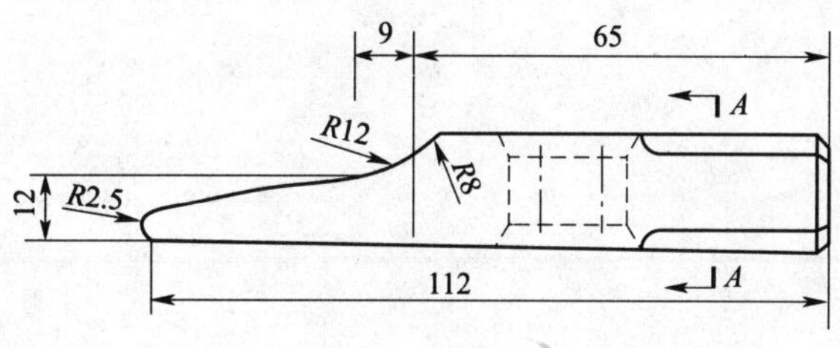

图 4—12　錾口榔头热处理

任务五　六边形冲裁模手工制作与装配

学习目标

1. 能按照安全文明生产操作规程的要求规范工作。

2. 能根据模具工作特点区别冷冲裁模具的工序。

3. 能按图样要求加工六边形凸模和凹模。

4. 能规范使用弓锯、锉刀、钻床、台虎钳、砂轮机、游标卡尺、刀口尺、刀口直角尺、游标高度尺、划针、划规。

5. 能根据六边形冲裁模装配图说出各组成件名称。

6. 会冲裁模具装配、调试的基本工艺知识。

7. 会凸凹模间隙调整方法。

工作情景描述

广州市某五金模具厂的冲压部门有一套六边形冷冲模冲裁出的产品有缺陷，操作工上报了修理工作单，冷冲模经拆检，发现六边形凸模和凹模严重磨损，需重新加工，加工部门接到工作任务后，初步了解了情况，承诺交付时间，立即将任务交给小何，要求在规定时间内手工制作完成。如果你是小何，请根据工作要求完成本任务。

建议学时

52 学时

工作过程与活动

学习活动 1　六边形凸模手工制作（20 学时）

学习活动 2　六边形凹模手工制作（20 学时）

学习活动 3　六边形冲裁模装配（12 学时）

拓展任务　六边形冲裁模安装与调试

学习活动 1　六边形凸模手工制作

学习目标

1. 能够遵守安全操作规范，按章操作，并注重环保意识的养成。

2. 能懂冲压加工及基本工序。

3. 能识读六边形凸模的零件图，并说出尺寸、表面粗糙度、公差等信息。

4. 能与其他同学合作，根据现有的加工条件制定出六边形凸模的加工工艺步骤。

5. 能按图样要求加工六边形凸模。

任务导入

如图 5—1 所示为六边形凸模零件图，该凸模主要是冲裁六边形状的制件，要求用手工制作方式，按图样完成加工，达到图样技术要求。

学习准备

1. 计算机（联网）、扩音机、多媒体、黑板、张贴板。

2. 《模具钳工工艺与技能训练》教材，六边形凸模图样。

3. 锯片、锯弓、平面锉刀、钻头、丝锥、铰杠、划线平板、划针、划规、样冲、游标高度尺、游标卡尺、钢直尺、刀口直角尺、万能角度尺、蓝油。

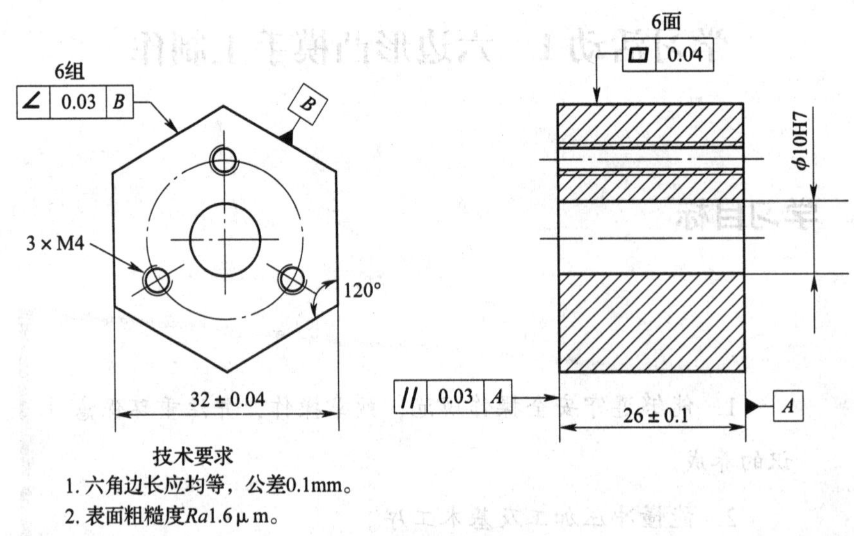

图 5—1 六边形凸模

建议学时

20 学时

学习过程

一、冷冲压加工及冷冲压模具

冲压是利用压力机和冲模对材料施加压力，使其分离或产生塑性变形，以获得一定形状和尺寸的制品（即零件或坯件）的一种少或无切削加工工艺。这种加工方法多在常温下进行，主要用于金属板料加工，故又称冷冲压或板料冲压。

在冷冲压加工中，将材料（可以是金属，也可以是非金属）加工成零件（或半成品）的一种特殊工艺装备，称为冷冲压模具。

1. 查阅资料，写出什么是模具及模具的作用。

______

______

______

2. 冲裁模一般分为冲孔模和落料模，写出什么是冲孔模和落料模，两者有何区别。

____

____

____

二、冷冲压加工基本工序

冷冲压工序常分为分离类工序和塑性变形类工序。

分离类工序是使板料按一定的轮廓线分离而获得一定形状、尺寸和切断面质量的冲压件；塑性变形类工序是使坯料在不破裂的条件下产生塑性变形而获得一定形状和尺寸的冲压件。

1. 根据下列常用冲压工序特点，对它们进行归类，分别填写在相应的工序类别后边。

常用冲压工序：裁剪、弯曲、拉深、落料、卷圈、冲孔、起伏、切边、切口、修口、翻边。

分离类工序：____

____

____

塑性变形类工序：____

____

____

2. 仔细观察表5—1中图片，写出它们属于哪种工序。

表5—1　　　　　　　　　　工序

图示	工序
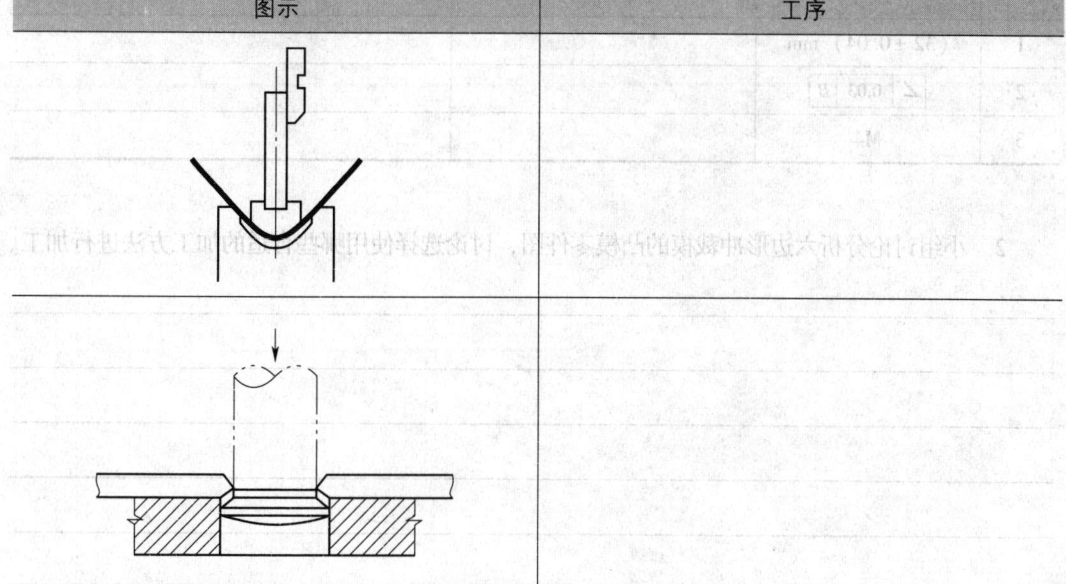	

续表

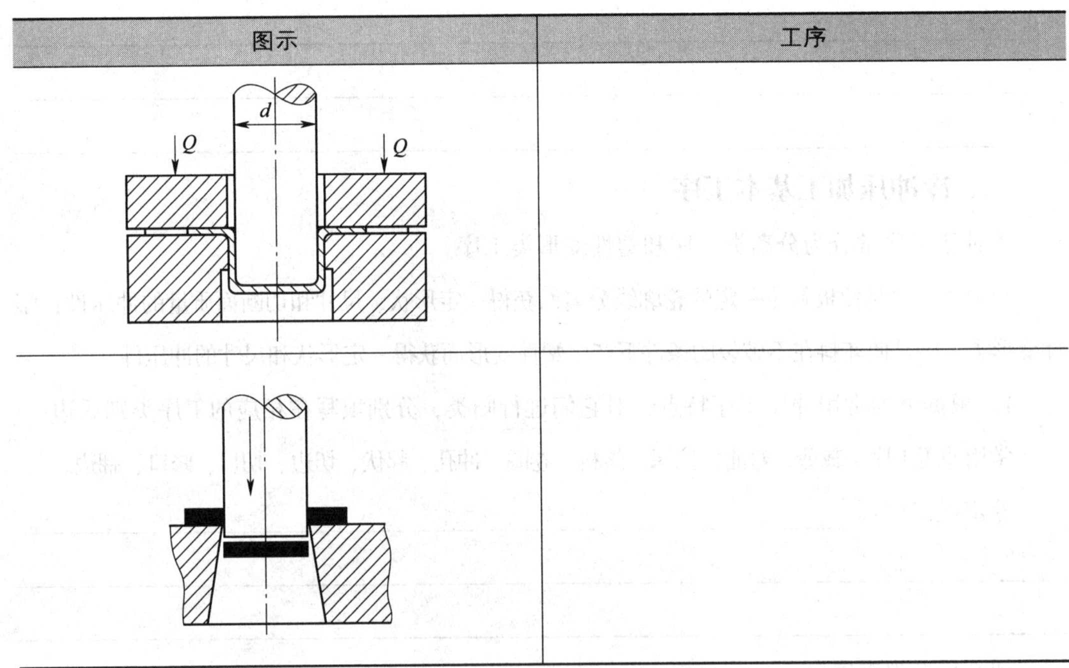

三、六边形凸模工艺知识

1. 从图 5—1 找出表 5—2 中列出的尺寸，并讨论填写下表。

表 5—2　　尺寸目的和保证策略

序号	尺寸	尺寸目的	保证策略
1	(32 ±0.04) mm		
2	∠ 0.03 B		
3	M4		

2. 小组讨论分析六边形冲裁模的凸模零件图，讨论选择使用哪些合适的加工方法进行加工。

四、六边形凸模制作

如图 5—1 所示，完成六边形凸模制作，在表 5—3 中写出六边形冲裁模（凸模）加工工艺步骤。

表 5—3　　六边形冲裁模（凸模）加工工艺步骤

序号	工步	操作内容	精度要求	主要工、量具

五、评价与反馈

1. 在实施作业时每一个安全事项都注意到了吗？如果没有，找出忽略的地方和原因。

2. 填写评分表（见表5—4）。

表5—4 六边形冲裁模（凸模）加工评分表

序号	考核内容	评分	评分标准	学生自评	小组互评	教师评价	小计
1	尺寸要求（32±0.04）mm（3处）	15	超差一处扣2分				
2	尺寸要求（26±0.1）mm	5	超差一处扣2分				
3	孔 ϕ10H7	5	超差一处扣2分				
4	M4螺纹不乱牙	5	乱牙不得分				
5	120°（6处）	18	超差一处扣2分				
6	表面粗糙度 $Ra1.6$ μm	6	超差一处扣2分				
7	∠ 0.03 B （6处）	18	超差一处扣2分				
8	// 0.03 A	4	超差一处扣2分				
9	□ 0.04 （6面）	24	超差一处扣2分				
10	文明生产与安全操作	违者每次扣2分					
指导教师总体评价 教师签字： 年 月 日						得分	

学习活动 2　六边形凹模手工制作

学习目标

1. 能够遵守安全操作规范，按章操作，并注重环保意识的养成。

2. 能识读六边形凹模的零件图，并说出尺寸、表面粗糙度、公差等信息。

3. 能与其他同学合作，根据现有的加工条件制定出六边形凹模的加工工艺步骤。

4. 能按图样要求加工六边形凹模。

任务导入

如图 5—2 所示为六边形凹模图，该凹模主要是与六边形凸模配合，要求用手工制作方式，按图样完成加工，达到图样技术要求。

学习准备

1. 计算机（联网）、扩音机、多媒体、黑板、张贴板。

2.《模具钳工工艺与技能训练》教材，六边形凹模图样。

3. 锯片、锯弓、平面锉刀、钻头、丝锥、铰杠、划线平板、划针、样冲、游标高度尺、游标卡尺、钢直尺、刀口直角尺、万能角度尺、蓝油。

建议学时

20 学时

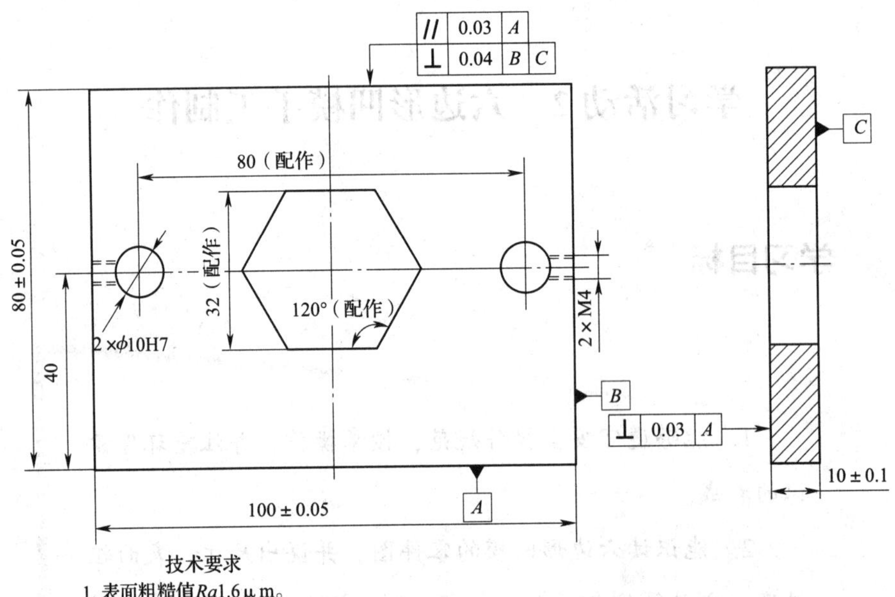

技术要求

1. 表面粗糙值*Ra*1.6μm。
2. 凹模四周去毛刺。

图 5—2 六边形凹模

学习过程

一、分析六边形凹模零件图样

1. 图样中的尺寸 80（配作）是如何加工完成？

2. 图样中的尺寸 M4 螺纹底孔尺寸是多少？如何保证 M4 螺纹垂直？

二、六边形凹模工艺知识

1．小组讨论凹模六边形线的具体划法。

2．如何去除内六边形的余料？

三、六边形凹模制作

如图 5—2 所示，完成六边形凹模制作，在表 5—5 中写出六边形冲裁模（凹模）加工工艺步骤。

表 5—5　　六边形冲裁模（凹模）加工工艺步骤

序号	工步	操作内容	精度要求	主要工、量具

续表

序号	工步	操作内容	精度要求	主要工、量具

四、评价与反馈

1．在实施作业时每一个安全事项都注意到了吗？如果没有，找出忽略的地方和原因。

2. 填写评分表（见表5—6）。

表5—6　　六边形冲裁模（凹模）加工评分表

序号	考核内容	评分	评分标准	学生自评	小组互评	教师评价	小计
1	尺寸要求（100 ± 0.05）mm（3处）	15	超差一处扣2分				
2	尺寸要求（80 ± 0.05）mm	15	超差一处扣2分				
3	M4螺纹不乱牙	10	乱牙不得分				
4	120°（6处）	18	超差一处扣2分				
5	表面粗糙度 $Ra1.6$ μm	12	超差一处扣2分				
6	⊥ 0.03 *A*	10	超差一处扣2分				
7	// 0.03 *A*	10	超差一处扣2分				
8	⊥ 0.04 *B* *C*	10	超差一处扣2分				
9	文明生产与安全操作	违者每次扣2分					

指导教师总体评价 教师签字：　　　　　　年　月　日	得分	

学习活动3　六边形冲裁模装配

学习目标

1. 能够遵守安全操作规范，按章操作，并注重环保意识的养成。

2. 懂模具装配的基本知识。

3. 会凸、凹模间隙的调整方法。

4. 能根据装配要求，选择正确的装配方法，完成六边形冲裁模的装配。

任务导入

如图5—3所示为六边形冲裁模装配图，本任务是将加工好的六边形凸、凹模零件按装配图样要求进行装配，并达到图样的装配技术要求。

学习准备

1. 计算机（联网）、扩音机、多媒体、黑板、张贴板。

2.《模具钳工工艺与技能训练》教材，六边形冲裁模装配图样。

3. 铜棒、橡胶锤、六角匙、一字旋具、十字旋具、扳手、划线平板、划针、游标高度尺、游标卡尺、钢直尺、刀口直角尺、蓝油。

建议学时

12学时

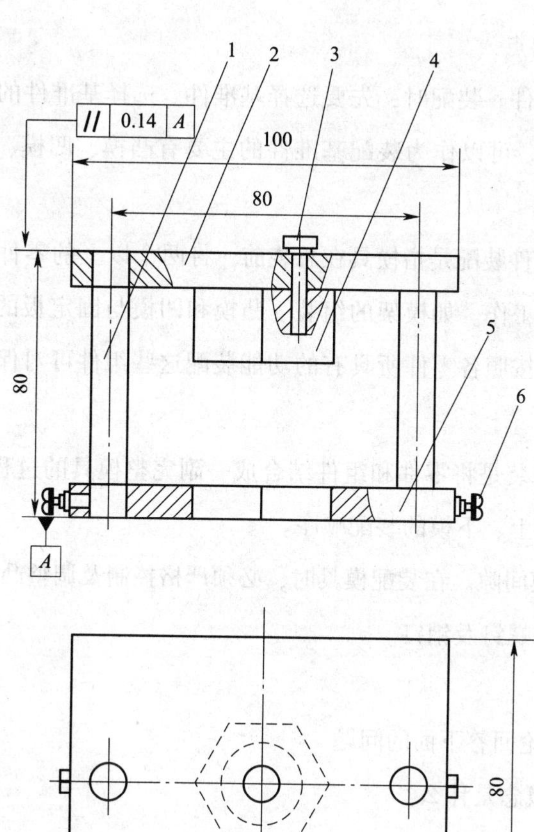

技术要求

1. 上下模座平行度误差不得超过0.05mm。
2. 装配后无卡滞现象。

图 5—3　六边形冲裁模装配图

1—导柱　2—上模座板　3—连接螺钉　4—六边形凸模

5—六边形凹模　6—紧固螺钉

学习过程

一、模具装配知识

模具装配后，上模座沿导柱上下移动时，应平稳且无卡滞现象，导柱与导套的配合精度应符合标准规定，且间隙均匀。装配后，导柱固定端面与下模座下平面保持 1 ~ 2 mm 的空隙，导套固定端面应低于上模座上平面 1 ~ 2 mm。

1. 冲模装配工艺要点

（1）选择装配基准件。装配时，先要选择基准件。选择基准件的原则由模具主要零件加工时的依赖关系确定。可以作为装配基准件的主要有凸模、凹模、凸凹模、导向板、固定板等。

（2）组件装配。组件装配是指模具在总装前，将两个以上的零件按照规定的技术要求连接成一个组件的装配工作。如模架的组装、凸模和凹模与固定板的组装、卸料板与推件机构各零件的组装等。按照各零件所具有的功能装配这些组件可对保证整副模具的装配精度起到一定的作用。

（3）总体装配。总装是将零件和组件结合成一副完整模具的过程。在总装前，应选好装配的基准件和安排好上、下模的装配顺序。

（4）调整凸、凹模间隙。在装配模具时，必须严格控制及调整凸、凹模间隙的均匀性。间隙调整后，才能紧固螺钉及销钉。

（5）检验、调试。

2. 查阅资料，讨论回答下面的问题。

（1）模具装配的概念是什么？

____

____

（2）模具的组成基本分为四部分，这四部分的作用是什么？

____

____

3. 如图 5—3、图 5—4 所示，在表 5—7 中填写图中各部件的名称及数量。

图 5—4　六边形冲裁模爆炸图

表 5—7　　六边形冲裁模各部件名称及数量

序号	名称	数量

4. 在装配过程中，要保证模具的质量，哪个环节最关键？为什么？

____

____

____

____

____

____

____

二、模具装配方法

在模具装配中，通常把装配精度完全依赖于零件制造精度的装配方法称为完全互换法，而把装配精度不完全取决于零件制造精度的装配方法称为不完全互换法，其主要方式有选配法、修配法、调整法。

1. 完全互换法和不完全互换法的区别是什么？

____

____

____

2. 查阅模具装配相关资料，完成表5—8内容。

表5—8 模具装配方法

装配方法	定义	原则	特点
修配法			优点
			缺点
调整法			优点
			缺点

续表

装配方法	定义	原则	特点
完全互换法			优点
			缺点

三、凸凹模间隙调整方法

冷冲模装配的关键是如何保证凸、凹模之间具有正确合理而又均匀的间隙，这既与模具有关零件的加工精度有关，也与装配工艺的合理与否有关。为了保证凸、凹模间的位置正确和间隙均匀，装配时总是依据图样要求先选择其中某一主要件（如凸模或凹模）作为装配基准件。以该件位置为基准，用找正间隙的方法来确定其他零件的相对位置，以确保其相互位置的正确和间隙的均匀性。一般冲裁模凸、凹模间隙的调整方法有垫片法、透光法、工艺留量法、镀铜法、涂层法、切纸法和利用工艺定位器法。

1. 请结合表5—9中图片，指出属于哪种调整方法。

表5—9　　凸凹模间隙调整方法

图片	调整方法
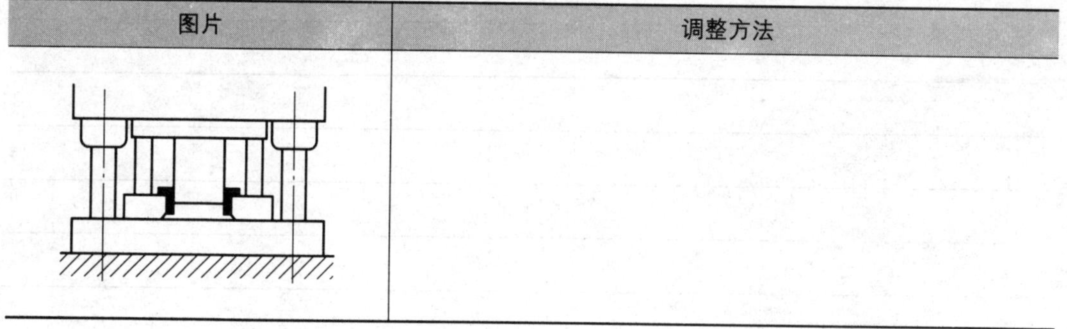	

续表

图片	调整方法

2. 查阅相关资料，参考图 5—5，冷冲压模具中，保证冲压零件顺利生产的冲裁间隙是如何定义的？

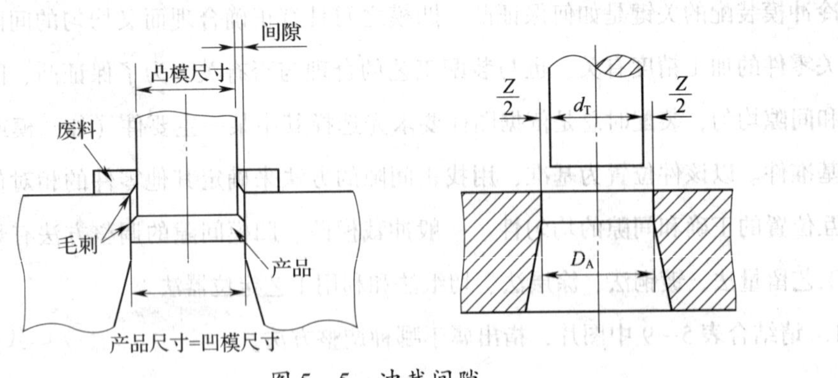

图 5—5 冲裁间隙

四、六边形冲裁模装配

如图 5—3 所示，完成六边形冲裁模装配，在表 5—10 中写出各项装配要领。

表 5—10　　各装配步骤装配要领

装配步骤	装配操作要领
装配前的准备	
组装上模	
组装下模	
调整凸凹模间隙	
辅助零件安装	
检验模具零件动作	

五、评价与反馈

1. 在实施作业时每一个安全事项都注意到了吗？如果没有，找出忽略的地方和原因。

2. 填写评分表（见表5—11）。

表5—11 六边形冲裁模装配评分表

序号	考核内容	评分	评分标准	学生自评	小组互评	教师评价	小计
1	能正确说出六边形冲裁模总装的技术要求	25	酌情扣分				
2	能正确完成六边形冲裁模的组装	25	酌情扣分				
3	能正确说出冲裁间隙的概念	20	酌情扣分				
4	能正确确定和调整六边形冲裁模的冲裁间隙	20	酌情扣分				
5	能安全规范操作各类工、量具及设备	10	酌情扣分				
6	文明生产与安全操作	违者每次扣2分					
指导教师总体评价 教师签字： 年 月 日					得分		

拓展任务　六边形冲裁模安装与调试

冲模安装与调试目的是鉴定冲压模具的质量，验证该模具生产的产品质量是否符合要求，确定该冲压模具能否交付生产使用，是模具生产中最后一个环节内容。

1. 冲模的安装方法

（1）调整压力机，使之工作正常。安装冲模的压力机必须要有足够的刚性、强度和精度。在冲模安装前，需将压力机事先调整好，使之能在工作状态下正常运转。即压力机的制动器、离合器及操纵机构工作要灵活可靠，其调整检查的方法是，先开启电源，踩一下脚踏板或按手柄，看滑块是否有不正常的连冲现象，动作是否平稳，若发现异常，应在排除故障后再安装冲模。

（2）清除压力机工作台面及冲模上、下底面异物，不得有任何污物及金属渣屑存在。

（3）准备好安装冲模用的紧固螺栓、螺母、压板、垫块、垫板及冲模所需要的顶杆、推杆等附件。

（4）用手搬动压力机飞轮（中、大型压力机用微动电按钮），将压力机滑块调节到压力机的上止点（滑块运行最高位置）。

（5）转动压力机的调节螺杆，将其调节到最短长度。

（6）将冲模放在压力机工作台上。对于无导柱的冲模，可用木块将上模托起；有导柱的冲模，直接放在工作台面上。

（7）用手搬动压力机飞轮，使滑块慢慢靠近上模，并将模柄对准滑块孔，然后再使滑块缓慢下移，直至滑块下平面贴紧上模的上平面后，拧紧紧固螺钉，将上模固紧在滑块上。

（8）将压力机滑块上调 3 ~ 5 mm，开动压力机，使滑块停在上止点。擦净导柱、导套及滑块各部位，加上润滑油，再开动压力机空行程 2 ~ 3 次，将滑块停于下止点，并依靠导柱和导套的自动调节把上、下模导正，然后将下模的压板螺钉紧固。用压块（压板）将下模紧固在工作台面上时，其紧固用的螺栓拧入螺孔中的长度应大于螺栓直径的 1.5 ~ 2 倍。压块的位置应摆放正确。

（9）放上条料进行试冲。根据试冲情况，可调节上滑块的高度，直至能冲下合格的零件后，再锁紧调节螺杆。

（10）如上模有顶杆时（打料杆），则应调整压力机上的卸料螺栓到需要的高度；如冲模需要使用气垫，则应调节压缩空气到适当的压力。

2. 冲模的调试要点

（1）凸、凹模配合深度调整。冲裁模的上、下模要有良好的配合，即应保证上、下模的工作零件凸、凹模相互咬合深度要适当，不能太深或太浅，应以能冲下合适的零件为准。凸、凹模的配合深度是依靠调节压力机连杆长度来实现的。

（2）凸、凹模间隙调整。冲裁模的凸、凹模间隙要均匀。对于有导向零件的冲模，其调整比较方便，只要保证导向件运动顺利而无发涩现象即可保证间隙值；对于无导向冲模，可以在凹模刃口周围衬以紫铜皮或纸皮进行调整，也可以用透光及塞尺测试方法在压力机上调整，直到上、下模的凸、凹模互相对中，且间隙均匀后，用螺钉将冲模紧固在压力机上，进行试冲。试冲后检查一下试冲的零件，看是否有明显毛刺及断面质量，不合适应松开下模，再按前述方法继续调整，直到间隙合适为止。

（3）定位装置的调整。检查冲模的定位零件如定位销、定位块、定位板，是否符合定位要求，定位是否可靠。假如位置不合适，在调整时应进行修整，必要时要进行更换。

（4）卸料系统的调整。卸料系统的调整主要包括卸料板或顶件器是否工作灵活；卸料弹簧及橡胶弹性是否足够；卸料器的运动行程是否足够；漏料孔是否畅通无阻；打料杆、推料杆是否能顺利推出制品与废料。若发现故障，应给予调整，必要时可重新更换。

请根据装配好的六边形冲裁模，在压力机上进行安装与调试。

附件1 钳工一体化实训室安全守则

一、操作前必须按操作需要穿戴好劳动保护用品。

二、所有工具必须齐全完好可靠，才能开始操作，禁止使用有裂纹、毛刺、手柄松动与不符合安全要求的工具。

三、开动设备，应先检查防护装置、紧固螺钉及电、气、油等动力开关是否完好，并空载试车检查后，方可投入工作。

四、使用工具时，应按“钳工常用工具操作规程”操作；使用设备时，应严格遵守设备操作规程。

五、操作时，应注意周围人员及自身的安全，防止因挥动工具，使工具、工件脱落及铁屑飞溅而造成伤害，两人以上一起工作要注意协调配合。

六、清除铁屑必须使用工具，禁止用嘴吹、手拉。

七、设备上的电气线路和器件，以及电动工具，若发生故障，应由电工修理，自己不得拆卸，不准自己敷设线路和安装临时电源。

八、工场要保持清洁，油液、污水不得流在地上，以防滑倒。

九、工作完毕或因故必须离开岗位时，必须将设备和工具的电、气、水、油源切断。

附件 2　模具装配一体化实训室安全守则

一、模具的搬运

（1）用叉车搬运应遵从叉车安全操作规程。

（2）用吊车吊运应遵从吊车安全操作规程。

（3）用工装车推运，应考虑工装车的承载能力。模具放置要平稳轻放，要注意观察周围情况及路面情况，防止车辆振动引起模具滑落伤人。部分模具必要时配备专用模座整体搬运。

（4）人力搬运要保证模具稳当，人力充足，手柄可靠。

（5）用叉车、工装车等车搬运较大模具时不准两件堆放和超高，防止滑落伤人。

二、模具的安装

安装前要检查模具是否完好，各连接螺栓是否紧固可靠。确认后再行安装。

（一）在油压机上安装

（1）安装前要检查设备是否完好，安全装置是否齐全可靠。

（2）支撑顶木，并保证顶木稳定可靠（顶木应捆牢在油压机立柱上，顶木采用不小于150 mm×150 mm 的硬质方木，并漆上黄黑相间的斜纹）。

（3）模具安装，如两人以上共同进行，须指定一人负责指挥，协调动作。人员应站在安全位置，出现意外时便于躲闪。

（4）模具的固定要均匀可靠。

（二）在立式冲床上安装

（1）安装前一定要停机，切断总电源，并检查设备的机械装置是否完好。

（2）在设备状态良好的条件下，用人力调节滑块高度，进行模具安装，两人以上操作应指定一人指挥，协调动作。

（3）模具的固定要均匀可靠。

附件3　钻床安全操作规程

1. 钻床操作前要穿紧身防护服，袖口扣紧，上衣下摆不能敞开，严禁戴手套，不得在开动的机床旁穿、脱换衣服，或围布于身上，防止机器绞伤。必须戴好安全帽，辫子应放入帽内，不得穿裙子、拖鞋。

2. 开车前应检查机床传动是否正常，工具、电气、安全防护装置、冷却液挡水板是否完好，钻床上保险块，挡块不准拆除，并按加工情况调整使用。

3. 钻床床面上不要放其他东西，换钻头、夹具及装卸工件时须停车进行。带有毛刺和不清洁的锥柄，不允许装入主轴锥孔，装卸钻头要用楔铁，严禁用手锤敲打。

4. 钻小的工件时，要用台虎钳，钳紧后再钻。严禁用手去停住转动着的钻头。

5. 薄板、大型或长形的工件竖着钻孔时，必须压牢，严禁用手扶着加工，工件钻通孔时应减压慢速，防止损伤平台。

6. 机床开动后，严禁戴手套操作，清除铁屑要用刷子，禁止用嘴吹。

7. 工作完毕后，应切断电源，同时清理工具，做好机床保养工作。

附件4 砂轮机安全操作规程

一、使用前准备

1. 砂轮机要由专人负责，经常检查，以保证正常运转。

2. 更换新砂轮时，应切断总电源，同时安装前应检查砂轮片是否有裂纹，若肉眼不易辨别，可用坚固的线把砂轮吊起，再用一根木头轻轻敲击，静听其声（金属声则优、哑声则劣）。

3. 砂轮机必须有牢固合适的砂轮罩，托架距砂轮不得超过5 mm，否则不得使用。

4. 安装砂轮时，螺母不能拧得过松或过紧，使用前应检查螺母是否松动。

5. 砂轮安装好后，一定要空转试验2~3 min，看其运转是否平衡，保护装置是否妥善可靠，测试运转时，应安排两名工作人员，其中一人站在砂轮侧面开动砂轮，如有异常，由另一人在配电柜处立即切断电源。以防发生事故。

6. 凡使用者要戴防护镜，不得正对砂轮，而应站在侧面。使用砂轮机后，不准戴手套，严禁使用棉纱等物包裹刀具进行磨削。

7. 使用前应检查砂轮是否完好（不应有裂痕、裂纹或伤残）砂轮轴是否安装牢固、可靠。砂轮机与防护罩之间有无杂物，是否符合安全要求，确认无问题后，再开动砂轮机。

二、使用中注意事项

1. 开动砂轮时必须在40~60 s转速稳定后方可磨削，磨削刀具时应站在砂轮的侧面，不可正对砂轮，以防砂轮片破碎飞出伤人。

2. 同一块砂轮上，禁止两人同时使用，更不准用砂轮的侧面磨削，磨削时，操作者应站在砂轮机的侧面，不要站在砂轮机的正面，以防砂轮崩裂，发生事故，同时不允许戴手套操作，严禁围堆操作和在磨削时嬉笑与打闹。

3. 磨削时的站立位置应与砂轮机成一夹角，且接触压力要均匀，严禁撞击砂轮，以免碎裂，砂轮只限于磨刀具，不得磨笨重的物料或薄铁板及软质材料（铝、铜等）和木质品。

4. 磨刃时，操作者应站在砂轮的侧面或斜侧位置，不要站在砂轮的正面，同时刀具应略高于砂轮中心位置。不得用力过猛，以防滑脱伤手。

5. 砂轮不准沾水，要经常保持干燥，以防沾水后失去平衡，发生事故。

6. 不允许在砂轮机上磨削较大较长的物体，防止震碎砂轮飞出伤人。

7. 不得单手持工件进行磨削，防止脱落在防护罩内卡破砂轮。

三、使用后注意事项

1. 必须经常修整砂轮磨削面，当发现刀具严重跳动时，应及时用金刚石笔进行修整。

2. 砂轮磨薄、磨小，使磨损严重时，不准使用，应及时更换，保证安全。

3. 磨削完毕，应关闭电源，不要让砂轮机空转，同时应经常清除防护罩内积尘，并定期检修更换主轴润滑油脂。

附件5　普通冲床安全操作规程

1. 普通冲床应专人操作，必须熟悉操作规程、设备结构、性能及使用方法。

2. 操作人员必须佩戴相应的劳保用品（手套、耳塞、劳保鞋），工作服袖口必须扎紧。

3. 开机前检查电路、油路、台面、接地、操作按钮、脚踏板、防护装置、润滑保养及设备周围，确保无危险隐患后，方可开机。

4. 开机后空车运行2~3 min，冲臂滑块上下运行2~3次，检查电机及设备有无噪声，飞轮运转是否平稳，确定正常后方可进行冲切工作。

5. 按照所需加工零件，选择模具、冲床，将模具紧固于冲床之上，调整模具行程时，应将滑块调至上止点，逐步向下调整，直至合适位置。在未确认调好之前，禁止通车。

6. 安装模具时，调整上下止点，应采用手动方式（手攀飞轮调整），若机床有点动功能，可采用点动。严禁直接启动电机调整。

7. 拆装模具时，必须关闭电机，切断电源，等机床完全停止转动后，方可进行，严禁冲床转动或不断电源时拆装模具。拆模具时，精密模具（带导轴）应在合模状态下进行。

8. 工作时，板料厚度不得超过机床额定值和模具间隙，有硬疤、焊渣、夹渣、焊缝、淬过火的材料不得加工。尤其不得加工钢管、钢筋等容易损坏设备模具的型材。

9. 严禁多层冲切，工作中应及时清理冲切落料，并经常检查模具的落料状态，以防模具被堵塞。若工件毛刺超标，应及时修理模具。

10. 要随时根据板料厚度、材质调整机器行程。坚决不允许超负荷运转。

11. 工作中，身体任何部位不得进入机器转动范围，手臂绝对不得进入模具之间。若有需要，必须停车断电，待设备停止转动后方可进入。

12. 一般禁止两人以上同时操作冲床，若有需要，必须由专人指挥，其他人员应集中精力，密切配合，明白指挥信号，确保安全。

13. 冲切较小的料时，不得用手直接送料、卸料，应该使用镊子或合适的夹具。

14. 工作中，若有异常，立即切断电源，停车检修。

15. 必须经常检查模具安装，滑块锁紧情况，如有松动或滑移，应立即调整。

16. 必须按设备要求，做好日常润滑，定期保养，所需润滑脂（油）要符合要求。

17. 工作完毕后，切断电源，擦拭设备，打扫卫生。

18. 安全至上，严禁违章。